図解

いちばんやさしく丁寧に書いた

貿易実務の本

－最新改訂版－

JN010968

成美堂出版

はじめに

「貿易実務」とはどのような仕事？ という疑問を持つ方もいるかもしれません。ひと言でいえば、異なる国と貿易取引をするうえで、貿易に関するさまざまな法律知識やしくみを理解し、その手続きを行う仕事です。

しかし、これから貿易実務にたずさわろうとしたり、勉強をはじめようとしたりする初心者の方は、その範囲の広さに頭を悩ませてしまうところではないでしょうか。本書は、そのような方に貿易実務の基本的な知識をわかりやすく学んでいただけるよう、図やイラストを多用して、ポイントを押さえた解説をしています。

序章では貿易実務に関わる人々や貿易実務と国内取引の違いなど、貿易に関する「基本のき」を紹介します。

第1章は市場調査や契約から輸出入業務までのおおまかな仕事内容を図解でわかりやすく解説しています。

第2章は第1章を具体的により深く掘り下げ、輸出入業務に役立つ貿易実務の流れを項目ごとに解説しています。

第3章では、貿易実務に欠かせない書類の見本と書き方を学びます。

また別冊では、現在も取引で利用されることがある2000年版、2010年版インコタームズについてや、貿易実務に関連する専門用語を確認できます。

貿易実務には、メーカーや商社、通関業者や船会社など、さまざまな分野の人が関わっています。この中のどれか1つの分野だけが特別だというわけではなく、貿易にたずさわるすべての人がそれぞれ重要な役割を担い、貿易業界という1つのサークルを機能させているといえるでしょう。

もし、みなさんが貿易実務の仕事に就きたいと思ったら、自分のやりたい仕事内容を明確に把握するところからはじめることが重要になります。

2013年に第2版を発行してから時間が流れ、いくつかの実務上の変化がありました。

例えば、インコタームズが2020年版に改訂されたものが最新版となり、売手・買手それぞれの費用負担や危険負担の範囲が一部改められました。

このような改正等に伴い、本書を最新情報に基づき改訂いたしました。本書が読者のみなさんの、貿易実務のよき入門書として、また、今までの貿易の知識をさらにスキルアップしていただくための一助になれば幸いです。

新宿NSビル25階の事務所にて

片山　立志

本 書 の 見 方

◎**実務の流れがひと目でわかる！**
1章では、輸入実務と輸出実務の仕事の流れを
イラスト図解で丁寧に解説します。

◎**作業内容と作業の流れをチェック**
どのような流れで業務が行われるか、またどのような
人がその業務に関わるかがひと目で把握できます。

◎**専門用語への
フォロー**
難しい用語や英文にはふ
りがなをつけています。

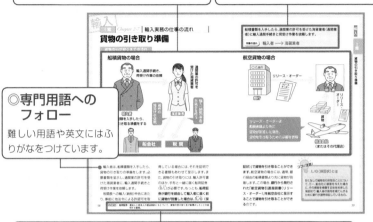

◎**欄外で用語を確認**
難しい言葉や貿易にまつわる専門用語などをピックアップし、欄外で解説します。

◎**実務のポイントがわかる**
貿易実務を項目ごとに見開きで解説
し、押さえておきたいポイントをピッ
クアップ。実務への理解が深まります。

◎**図解で要点整理**
2章では実務の流れを図解、
3章では書類の実例を紹介
します。

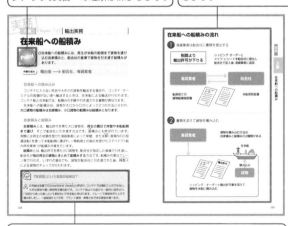

◎**知っておきたい情報をコラムでフォロー**
本編の随所に挿入されたQ＆A、コラムなどから、貿易にまつわる
まめ知識や現場に即した使える知識が得られます。

◎**別冊で専門用語を確認**
2000年版、2010年版のインコター
ムズや専門用語を確認できます。

※本書は、原則として2021年3月時点の情報をもとに編集しています。　3

目　次

Chapter 2 　輸入実務の仕事の流れ

第2章　貿易実務を覚えよう

Chapter 1 　貿易実務の基礎

Chapter 8 輸入実務

第3章 貿易実務に関わる書類

Chapter 1 よく使う書類の形式

Chapter 2 その他の書類の形式

序章

貿易実務の特徴とは？

まずは、貿易実務の仕事とは、どのようなことをするのかをみていきましょう。また、貿易に関わる人たちの仕事内容もあわせて確認しましょう。

貿易取引と国内取引の違い

国内取引との違い、リスクなどにはどのようなものがあるのでしょう。

◎貿易取引とは

貿易取引とは、**異なる国の間で行われる売買取引**のことをいいます。つまり、貿易とは国境を越えた売買契約にもとづいて行われる売買取引であるといえます。

◎国内取引との違い

たとえば、あなたがお店に行って、ソファやベッドなどを購入すると想定しましょう。国内取引の場合は、売買契約が成立したら、商品の引き渡しや代金の支払いなどが同時に行われ、すぐその場で契約が履行されます。

ところが、貿易取引の場合は、売主と買主（輸出者と輸入者）がお互いに遠く離れているため、売買契約が成立しても、**売主の商品引き渡しや買主の代金支払いは時期をずらして行われる**ことになります。

つまり、貿易取引は国内取引とは異なり、売主が輸出商品の製造、仕入れ、船積み手配などの義務を後日果たし、買主が代金支払いその他の義務を果たすことで、はじめて売買契約の履行が完了するのです。したがって、貿易取引の場合、売買契約を結ぶにあたっては、売主、買主共に船積時期や代金決済方法などの契約の条件を前もって取り決めておき、誠意をもって履行するのです。

国内　海外

貿易取引のリスク

国内取引と比べると、以下のようなリスクがあります。

① 相手国の情報不足によるリスク

- 取引相手は信用できるか?
- 契約どおりの商品が届くか?
- 納期に間に合うか?
- 文化の違いや生活習慣の差がある

② 輸送に関するリスク

- 商品の輸送距離が長くなり、時間がかかる
- 貨物の変質・損傷・事故の可能性がある
- 代金前払いの場合、輸入した商品の到着が支払いの後になる
- 代金後払いの場合、商品を輸出したにもかかわらず、代金回収が遅れる

③ 経済的なリスク

- 代金を支払ってくれるか?
- 為替変動リスクはないか?
- 手形不渡りのリスクはないか?

代金が
払えません

貿易取引に関わる人たち①

貿易取引には、いろいろな立場の人が関わっています。まず、輸出者となるメーカーと商社、船積みや荷受けを行う海貨業者の仕事を理解しましょう。

輸出者となるメーカーと商社

　輸出者は、実際に商品をつくるメーカーの場合と、メーカーまたは流通業者から商品を購入して輸出する商社の場合が考えられます。

　輸出者が**メーカーの場合は、商社に頼らないで海外の取引相手（輸入者）と価格や取引条件を直接交渉**することもあります。もっともこの場合、品質や納期などのリスクにも責任を持たなくてはなりません。

　一方、輸出者が**商社の場合、商品はメーカーから調達**するため、船積期限を考慮し、これに間に合うように発注をかけます。万が一、メーカーからの納品が遅

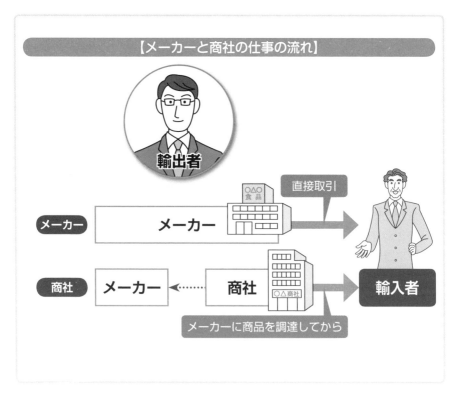

【メーカーと商社の仕事の流れ】

輸出者

メーカー　メーカー　→　直接取引

商社　メーカー　⤙　商社　→　メーカーに商品を調達してから

輸入者

れて船積みが間に合わなかった場合は、契約違反となり、その損害を商社が負担することにもなりかねないので、注意が必要です。

船積み業務・荷受け作業を行う海貨業者

海貨業者は正式には、海運貨物取扱業者といいます。これは港湾運送事業法にもとづく免許を受けた業者です。

海貨業者は本来、荷主(輸出入者)の委託を受けて、貨物を船会社または航空会社などとの間で受け渡しをする船積み業務、荷受け業務を行います。この業務は通常、倉庫業者や運送業者などが兼業で行うことが多いものです。

しかし、最近では、税関への輸出入手続き(通関手続き)業務などもあわせて行う海貨業者も増えています。

これらの業者は、通関業法に規定する通関業の許可を受けています。

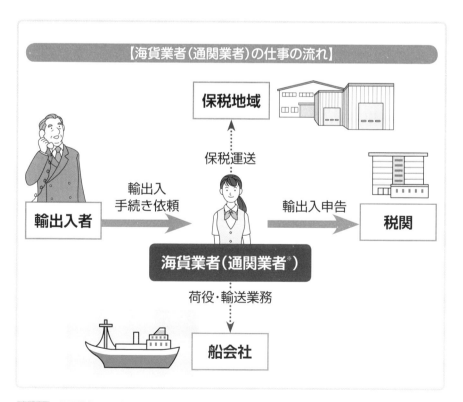

【海貨業者(通関業者)の仕事の流れ】

保税地域

保税運送

輸出入者 → 輸出入手続き依頼 → 海貨業者(通関業者※) → 輸出入申告 → 税関

荷役・輸送業務

船会社

WORD　通関業者：通関業法の規定により通関業の許可を税関長より受けた業者のこと。

▶ 貿易取引に関わる人たち②

貨物の輸送と書類の管理を行う船会社、貨物に保険を付与する保険会社の仕事を理解しましょう。

貨物の輸送と書類の管理を行う船会社

　船会社は輸出者（または通関業者）の依頼によって、貨物を指定の目的地まで輸送します。また、船会社のオフィスと、実際に貨物が積み込まれる港頭地域とは地理的に距離が離れていることから、オフィスと港頭地域との間で行われる**書類の受け渡しで貨物の明細がわかる**ようになっています。

　たとえば、輸出の場合は、コンテナ船に積まれる貨物用の書類であるドック・レシート（D/R）を使って船積みの指図を行い、船積み完了後は船荷証券（B/L）を輸出者に発行します。

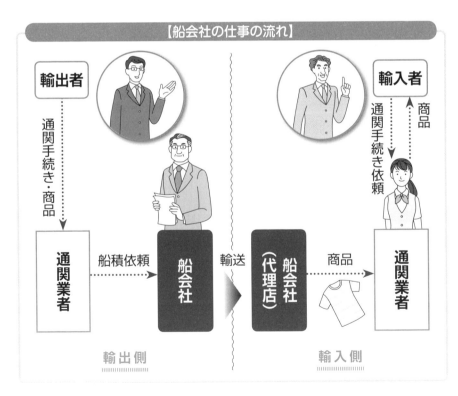

【船会社の仕事の流れ】

一方、輸入の場合は、輸入者（または通関業者）による**船荷証券（B/L）の呈示**に対して荷渡指図書（D/O）を発行し貨物を引き渡します。

貨物に保険を付保する保険会社

貨物を輸送する途中で、事故や災害などによって貨物が損傷するのを防ぐため、あらかじめ貨物に保険をかけておきます。

契約条件（インコタームズ）によって、輸出者が付保する場合と輸入者が付保する場合があります。輸出者が保険を付保する場合は、輸出者が保険会社に契約で決めたとおりの保険条件で保険を申込む必要があります。特に信用状取引の場合は、信用状に契約で定められた保険条件が明記されています。そして、輸出者が銀行に荷為替手形の買取依頼をする場合、条件どおりの内容で保険を付保したという証明ができる保険証券等を銀行に呈示しないと、手形の買取りを受けることができません（詳しくは本冊P96参照）。

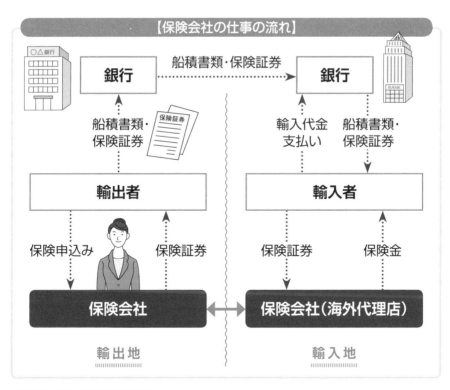

【保険会社の仕事の流れ】

貿易取引に関わる人たち③

輸出入を許可する税関と関連する官庁、書類の発行や支払いに関わる銀行の仕事を理解しましょう。

輸出入を許可する税関と関連する官庁

税関のおもな仕事内容は以下のようになります。

①貨物の通関②関税の徴収③密輸の取締り④保税地域での貨物管理等です。

輸出入申告の際、法律により許認可等の取得が義務付けられている場合は、事前に経済産業省ほか主務官庁に申請し、許認可等を取得しなければ税関に対して輸出入申告を行うことができません。

許認可等を取得する場合、商品によってその申請先官庁が異なります。たとえば、食品の輸入の場合は、厚生労働省への届出が必要であり、動植物の輸入の場合は農林水産省の許可が必要となります。税関への輸出入申告に際してこれ

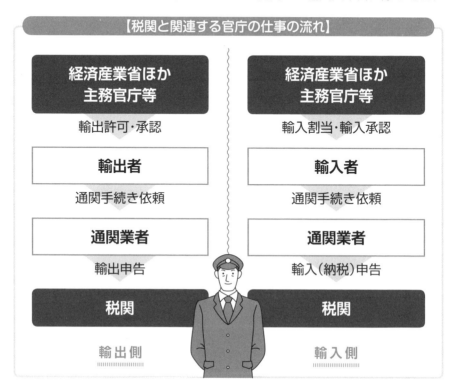

【税関と関連する官庁の仕事の流れ】

輸出側	輸入側
経済産業省ほか主務官庁等	経済産業省ほか主務官庁等
輸出許可・承認	輸入割当・輸入承認
輸出者	輸入者
通関手続き依頼	通関手続き依頼
通関業者	通関業者
輸出申告	輸入(納税)申告
税関	税関

らの許認可等の証明書を添付し、許認可等を受けていることを証明することが
必要です。この**証明ができない場合には、輸出入の許可は受けられません。**

銀行

　貿易取引では、支払いや商品引き渡しに不安があるものです。そのため、引き
換えに支払いを確約する**信用状（L/C）という書類を用いて輸出地と輸入地の
銀行が間に入る形で行う**ことがあります。輸入者の依頼によって輸入者の取引
銀行（L/C発行銀行）が信用状（L/C）を発行し、輸出地の銀行（L/C通知銀行）を
経由して輸出者に渡します。輸出者が船積み後、信用状（L/C）に荷為替手形（為
替手形に船積書類を添えたもの）を添え、輸出地の銀行に買取りを依頼するこ
とで、輸出代金の支払いを受けます。

　また輸出地の銀行は輸入地の発行銀行に荷為替手形を送り支払いを受けま
す。輸入者は発行銀行の荷為替手形呈示に対して代金を支払い、船積書類を受
け取って船積書類（この中の１つのB/Lが重要）により貨物を引き取ります。

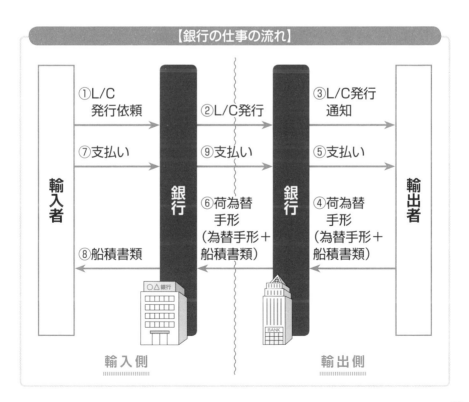

【銀行の仕事の流れ】

①L/C発行依頼　②L/C発行　③L/C発行通知

⑦支払い　⑨支払い　⑤支払い

輸入者　銀行　銀行　輸出者

⑥荷為替手形（為替手形＋船積書類）　④荷為替手形（為替手形＋船積書類）

⑧船積書類

○△銀行　BANK

輸入側　輸出側

19

貿易の3つの流れを理解しよう

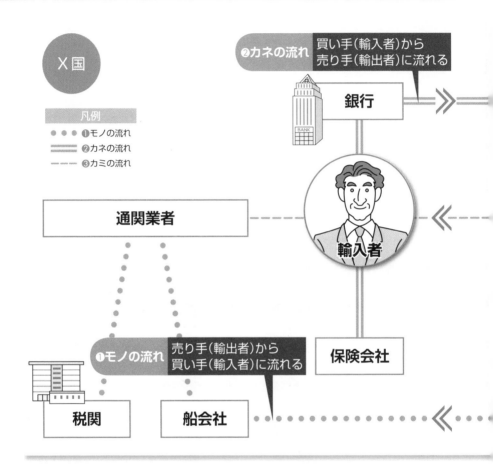

◎貿易には3つの異なった流れがある！
貿易取引では、売主と買主の間にさまざまな業者が入ることで、モノ・カネ・カミの流れがスムーズになります。

貿易取引においては、3つの流れは同時に行われるものではありません。また書類の種類や関係機関も多く、国内取引と全く異なるものなのです。

貿易取引の流れを知るうえで、
「モノ」「カネ」「カミ」という3つがキーワードになります。

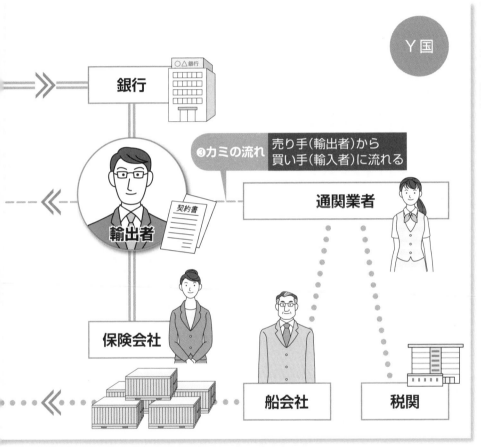

Ｙ国

銀行

○△銀行

❸カミの流れ　売り手（輸出者）から
買い手（輸入者）に流れる

輸出者

契約書

通関業者

保険会社

船会社

税関

①モノの流れ…商品である貨物が輸送される流れ
　　◎流れは輸出者 ➡ 輸入者へ
　　◎船会社、税関、通関業者等が関わります
②カネの流れ…商品代金を国境を越えて支払う流れ
　　◎流れは輸入者 ➡ 輸出者へ
　　◎銀行、保険会社等が関わります
③カミの流れ…契約、船積み手配、輸出入通関、市場に流通させるまでに必要な書類
　　◎流れは輸出者 ➡ 輸入者へ
　　◎通関業者がおもに関わります

国際貿易体制とEPA／FTA

世界のさまざまな地域で、地域経済を活性化する経済圏作りが進んでおり、近年、日本を取り巻くEPAを巡る状況も大きく動いています。

EPAとFTAとは

世界全体を統一したルールのもとで、自由貿易を推進していこうとするWTO※よりも、可能な国同士、あるいは地域から交渉し、ルールを整備することができるEPA/FTAが受け入れられてきました。FTAとは、Free Trade Agreement（自由貿易協定）の略で、国と国の間で関税をなくし物品及びサービスの自由な貿易を進める協定のこと。EPAはEconomic Partnership Agreement（経済連携協定）の略で、2ヵ国間以上で締結する**貿易取引のほか、知的財産権、投資、人の移動など、幅広い分野に関するさまざまなルールを整備する経済活動上の協定**のことです。

貿易取引のルールに特化したものがFTA（自由貿易協定）ですので、貿易取引において、EPAとFTAはほとんど同じ意味になります。

EPAを利用することにより、輸入関税や税関手数料のコストを下げることが期待できます。

EPAの利用

貿易取引でEPAを適用し、無関税等の恩恵を受けるためには、取引する物品がEPA税率の対象になっているかどうかを調べます。次にEPA税率の対象になっている物品がEPA締約国の原産品として認められる基準を満たすかどうかを調べます。

この基準を原産地基準といい、原産地基準を満たしていることを証明する手続きを原産地手続といいます。これらを適正に行うことで、EPAを適用することができるのです。

原産地基準や原産地手続の内容はEPAごとに定められており、複数国間でのEPAでは同じ協定内でも国によって、ルールが異なる場合があります。また、2020年1月に発効した日米貿易協定では、米国への輸入と、日本への輸入では原産地手続の方法が異なりますので注意が必要です。

WORD ▶ WTO：世界貿易機関のこと。多角的な自由貿易体制を促進させるために組織された国際機関。

【日本と各国とのEPAの進捗状況】

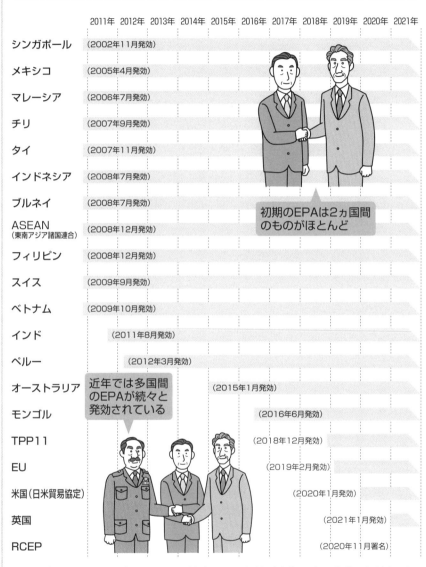

	2011年	2012年	2013年	2014年	2015年	2016年	2017年	2018年	2019年	2020年	2021年
シンガポール	(2002年11月発効)										
メキシコ	(2005年4月発効)										
マレーシア	(2006年7月発効)										
チリ	(2007年9月発効)										
タイ	(2007年11月発効)										
インドネシア	(2008年7月発効)										
ブルネイ	(2008年7月発効)										
ASEAN（東南アジア諸国連合）	(2008年12月発効)										
フィリピン	(2008年12月発効)										
スイス	(2009年9月発効)										
ベトナム	(2009年10月発効)										
インド		(2011年8月発効)									
ペルー			(2012年3月発効)								
オーストラリア					(2015年1月発効)						
モンゴル						(2016年6月発効)					
TPP11								(2018年12月発効)			
EU									(2019年2月発効)		
米国（日米貿易協定）										(2020年1月発効)	
英国											(2021年1月発効)
RCEP										(2020年11月署名)	

初期のEPAは2ヵ国間のものがほとんど

近年では多国間のEPAが続々と発効されている

※日米貿易協定は物品貿易に関する協定です。知的財産権や人の移動・投資などに関する幅広いルールは定められていません。同日に発効した「日米デジタル貿易協定」では、デジタル貿易・データ流通を、円滑で信頼性の高い、自由なものとすることを目的とし、電子的送信に対する関税の不賦課などを定めています。

メガEPAとは

複数国間で締結される、経済規模の大きなEPAが近年増加してきています。
EPAの拡大化によるメリットを見ていきましょう。

メガEPAとは何か？

　メガEPAとは、多数の国・地域が加盟する広域EPAのことです。**EPAは加盟国同士でのルールですので、当然、加盟していない国との間では使えません。**複数の国で生産された部品を集めて1つの製品を作ったときや、外国で生産した製品を日本から輸出したいときなど、EPAの利用が難しくなります。

　また、複数のEPAがあれば、それらのEPAに加盟している国は、どれを利用すべきか頭を悩ませます。この世界の中でさまざまなEPAが絡まりあっている状況を、**スパゲッティボウル現象**といいます。

　1つのEPAに輸入国・輸出国、各部品の生産国、製品の生産国のすべてが加盟すれば、適用される貿易ルールが1つとなり、EPAの利用が容易になります。

さまざまなメガEPA

　メガEPAにはTPP11（CPTPP：環太平洋パートナーシップに関する包括的及び先進的な協定）、日EU・EPA、RCEP（地域的な包括経済連携）などがあり、**複数の加盟国間で、統一的なルールを適用することができます。**

　また、すでに発効しているEPAに他国が後に加盟する可能性があり、これにより、自由貿易圏を徐々に拡大していくことが可能となります。

　例えば、RCEPでは、交渉段階で離脱したインドがいつでも協定に復帰できるように規定されています。TPP11では米国復帰に可能性がありますし、TPP発足国ではない英国が加盟交渉を正式に申請したため、英国加盟の可能性もあります。EUを離脱した英国とは、2021年1月に日英EPAが発効しています。日英EPAでは、日EU・EPAで得ていた便益を日英間で維持できる規定が種々定められています。

【日本とメガEPA】

自由貿易圏を一気に拡大する、メガEPAの締結が世界的な流れになっています。例えば、シンガポール国内でベトナム産原料を加工し、日本に輸入するときはRCEP発効後は、RCEPまたはTPP11の適用が可能で、より有利な条件を選択して適用できます。

RCEP

ASEAN

・インドネシア
・カンボジア
・タイ
・フィリピン
・ミャンマー
・ラオス

中国

韓国

・シンガポール
・ベトナム
・マレーシア
・ブルネイ

TPP

日本

・オーストラリア　　・ニュージーランド

・カナダ　・ペルー　・チリ　・メキシコ

2011年に
日インドEPA
を発効

離脱 ➡

インド

※インドは、
交渉段階で
RCEPから
離脱

2020年に
日米貿易協定
を発効

離脱 ➡

アメリカ

※2020年11月に署名されたRCEPは、早ければ2021年末に発効予定

例えば、中国から輸入した製品をさらに日本で加工し、オーストラリアに輸出するときはRCEP発効後は、RCEPの利用が可能です。

▶ 原産地手続き

EPA等、協定にもとづく税率を適用して取引を行うためには、取引の対象となる物品がEPA等の締約国の原産品であることを証明しなければなりません。この手続(原産地手続)についてもう少し見ていきましょう。

原産地の証明手続きの主な3つの方法

・第三者証明制度

締結国の原産品であることを証明する基本的な方法です。輸出国の政府または政府の認可する機関が発給する締約国原産地証明書に基づいて輸出国の原産品であることを証明します。

取引当事者ではない公的機関による証明制度なので、「第三者証明制度」と呼ばれています。

・認定輸出者自己証明制度

それぞれの国の締約国原産地証明書発給機関から、一定の基準を満たしている者として認定を受けた輸出者が、自ら作成した商業送り状等に、その国の原産品である旨の申告文を記載して輸入者に送付します。

輸入者は輸入通関の際にこれを税関に提出します。

・自己申告制度

自己申告制度は政府機関が証明に関与しない制度です。日本では、輸入者、生産者又は輸入者が証明する制度、もしくは輸入者のみが自己申告できる制度を採用しています。

自己申告の方法は、締約国原産品申告書を提出する方法、原産品申告書を作成せず、輸入申告書の一部を構成する形で行う方法などがあります。

【第三者証明制度】

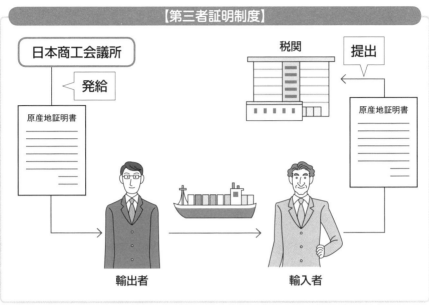

【認定輸出者自己証明制度】

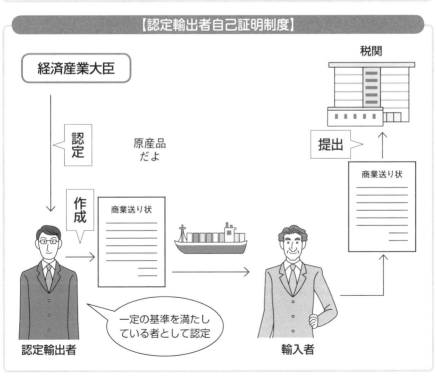

Column

EPAと地理的表示保護制度

EPAでは、その関税の削減・撤廃の内容が注目されがちですが、関税以外にも、貿易の垣根をなくすための規定が種々あります。

みなさんは地理的表示（GI）保護制度をご存じでしょうか。ある産品の、伝統的な生産方法や気候・風土・土壌などの「生産地等の特性」が、「品質等の特性」に結びついているとき、これらの産品の名称（地理的表示）を知的財産として登録し、保護する制度が「GI保護制度」です。この制度により、他の産品との差別化が可能となり、GIの不正使用は行政が取り締まるため、訴訟等の負担なく、自らの産品のブランドを守ることができます。

制度にはあまり馴染みがないかもしれませんが、GI自体は身近なものです。日本で登録されているGIには「神戸ビーフ」「夕張メロン」「八丁味噌」などがあります。

EPAでは加盟国相互のGIを保護する規定を採用するものもあります。日本とEUのEPAではGIの相互保護を規定していて、日本の生産者はEU域内でのGI登録の負担を軽減でき、ブランド化を図ることができます。また、日本側でもEU側のGIを保護し、模倣品の排除による誤認・混同等の防止措置が取られるため、EUのブランド化された農林水産物を輸入する事業者にとってもありがたい制度です。

ここで問題です！
令和3年3月現在、日本とFTA/EPAを締約している国や地域は、21あります。さて、日本といちばん最初にこの協定を締結した国は、次のどの国でしょうか。
①アメリカ合衆国　②中国　③シンガポール　④メキシコ　⑤スイス

> ヒント 自民党小泉政権の時代である2002年11月30日に、この国との経済連携協定は発効しました。

答え 正解は③シンガポールです。現在では、このほかにメキシコ、マレーシア、チリ、タイ、インドネシア、ブルネイ、ASEAN、フィリピン、スイス、ベトナム、インド、ペルー、EU、アメリカ合衆国等の国・地域と協定を結んでいます。

貿易実務の仕事の流れ

輸出と輸入に分けて、貿易という仕事の全体の流れを追っていきます。どのような人が、どのタイミングで関わるか等も把握しましょう。

| *Chapter 1* | ……………… | 輸出実務の仕事の流れ |
| *Chapter 2* | ……………… | 輸入実務の仕事の流れ |

各業者への依頼の流れ

輸出者
- 商品の準備
- 必要書類の作成（インボイス、パッキング・リスト 等）
- 各業者への依頼

船会社
- 船の選定
- スペース・ブッキング（船腹予約）

貨物を積み込むスペースを確保する

海貨業者
- 通関手続きの依頼と船積みの手配

税関長の許可を受けた通関業者に「輸出通関」の手続きを委託

保険会社
- 貨物海上保険の申込み

保険の種類には A/R、WA、FPA の3つがある

輸出の仕事の流れ

輸入者側の銀行

⑩ 荷為替手形

⑪ 荷為替手形の呈示

② 信用状開設依頼

⑫ 代金支払い

輸出者側の銀行

③ 信用状発行

④ 信用状通知

⑨ 為替予約

① 契約成立

輸入者

⑤ 輸出許認可の申請／許諾

輸出者

経済産業省ほか関係主務官庁

契約成立から代金支払いまで

① 契約成立
② 信用状開設依頼
③ 信用状発行
④ 信用状通知
⑤ 輸出許認可の申請／許諾

⑥ 貨物海上保険の申込み／保険証券発行
⑦ 通関・船積手続き
⑧ ブッキング（船腹予約）／船荷証券の発行

⑨ 為替予約
⑩ 荷為替手形
⑪ 荷為替手形の呈示
⑫ 代金支払い

輸出を行う際の全体の流れをまとめました。輸入者の元に無事に商品が届くよう、銀行や船会社など、関わりのある人へ仕事を手配します。

❻ 貨物海上保険の申込み／保険証券発行

保険会社

税関

輸出申告／許可

❼ 通関・船積手続き

海貨業者

船積依頼

❽ ブッキング（船腹予約）／船荷証券の発行

船会社

相手国の市場調査を行う

市場調査と情報収集

市場調査　➡️　戦略を立てる

● 一般的な情報
　（インターネットなどで入手）
● 商品特有の情報（現地調査）

輸出戦略
⬇️

マーケティングの4P's

Product(商品計画)
　プロダクト
Price(価格設定)
　プライス
Place(流通システム)
　プレイス
Promotion(販促活動)
　プロモーション

市場でマーケティングを
行う際、誰に何を
どのように販売するか
決定するための戦略

　輸出貿易取引をするには、まず相手国の市場調査を行います。商品の特性を理解し、その特性に適した相手国を選定しましょう。

　相手国が決まったらその国の一般的な情報（インターネットなどから入手可能）と商品特有の情報（現地調査が必要）を入手します。

　相手国の市場調査を終えたら、次にマーケティング戦略を行います。 マーケティング戦略とは次の4つの要素（4P's）を市場に合わせてうまく組み合わせることで、これを「マーケティング・ミックス*」と呼びます。

　WORD ▶ マーケティング・ミックス：国内の市場に合わせて商品、価格、流通、販促等を組み合わせて戦略を練ること。

輸出者はさまざまな角度から市場調査とマーケティングを行います。必要であれば直接現地に赴いて調査しましょう。

作業の流れ 輸出者

検討

- 取引先の選定
- 信用調査
- 法制度の調査

専門誌・貿易関係団体
コンサルタントなど

貿易ガイド

契約締結へ

● 取引の申込み(offer)
<small>オファー</small>

　次に相手国の中から取引を行う企業を見つけ、決定します。国内外の専門誌や貿易関係団体、コンサルタントを使って探しましょう。輸出にあたり、**日本や相手国に法的規制はないか、輸出のメリットがあるのか**などを十分に検討します。

戦略立案に役立つ4つの要素(4P's)

マーケティングの4P'sは、マーケティング戦略を考える際に用いられる代表的なフレームワークの1つです。戦略を立てる際は、4つのPにそって自社の商品の強みや弱み(課題)を分析することが重要です。

契約の成立と契約書

契約の流れ

売主
輸出者

申込み
反対申込み
承諾

買主
輸入者

契約成立

輸出者が申込みを行い、輸入者が反対申込みで内容を修正することも。これを経て契約が成立

　相手企業の信用調査*を行い、相手企業に問題がないことがわかったら、いよいよ契約です。

　契約は、申込みと承諾の意思の一致で成立し、口頭でも成立します（諾成契約）が、**取引上のトラブルを避けるためにも、実務では契約書を作成し、書面で行います。**

　契約書にはいくつかの種類がありますが、買主側が作成する確認書（注文書型）か、売主側が作成する確認書（注文請書型）を使うのが一般的な方法といえるでしょう。

　これは裏表で構成され、表面には

WORD ▶ 信用調査：相手企業の評判、資金、取引能力、政治・経済等を確認する調査。

契約書を作成して合意内容を明確にしましょう。契約は、申込み
(offer)と承諾(acceptance)の意思の一致で成立します。

作業の流れ 　輸出者 ⟶ 輸入者

契約書を書面で作成

トラブル防止

契約書

トラブルを回避するためにも、
通常は書面で契約を交わすのが一般的

買主が作成

売主が作成

注文書型契約書

注文請書型契約書

どちらかの形式で書面契約を交わす

取引交渉時の合意内容が所定の欄に
タイプされています。これをタイプ
条項といいます。

　また、裏面には契約書作成企業の
一般的な取引に共通する条件があら
かじめ印刷されています。これを印
刷条項といいます。

> **Q 契約書の表と裏の内容が矛盾していたら?**
>
> **A** 表面(タイプ条項)の内容が優先されます。トラブルを避けるためにも契約書の内容は裏表ともよく確認し、合意できない個所は削除しましょう。

信用状(Letter of Credit)の役割

信用状取引のしくみ

契約の成立

信用状取引の場合

信用状を発行すると、銀行が間に立つ形になり、
安心して貿易を行うことができます。

輸入者

銀行

輸出者

　貿易で生じるいくつかのリスクを回避するため、**銀行が間に入った形で行う信用状取引**という方法があります。輸入者は自分の取引銀行に、信用状開設の申込みをします。輸出者は信用状(Letter of Credit：L/C)の条件どおりに船積みし、その書類を銀行に呈示することで、荷為替手形の買取りという形で船積みとほぼ同時に銀行から代金の支払いを受けられます。

　また、万が一輸入者が倒産しても、銀行が代金の支払いを確約してくれるため、輸出者からすれば代金回収

　WORD▶　荷為替手形：船荷証券等の船積書類を添付した為替手形のこと。

契約書を交わしたら信用状の発行を依頼します。信用状取引では貿易で生じるリスクを回避することができます。

作業の流れ 輸入者 ➡ 銀行 ➡ 輸出者

輸入者

信用状開設依頼

輸入者側の取引銀行

信用状発行

売買契約

輸出者

信用状通知

通知銀行

輸出者側の取引銀行が通知銀行になる

と資金負担のリスクが回避できるのです。一方、輸入者は商品が期日どおりに出荷され、貨物の受け取りに必要な書類を呈示するようL/Cに記載することで、商品入手リスクの回避ができます。**信用状は、このように双方にメリットがあるのです。**

ココに注目！

【信用状とは】

①輸入者の取引銀行（信用状発行銀行）が
②商品代金の受取人である輸出者に対して
③輸出者が信用状条件どおりの書類を呈示することを条件に
④輸入者に代わって
⑤代金の支払いを確約した保証状

他法令の輸出の許可・承認等と為替予約

為替予約と輸出許可・承認等の流れ

輸出者
外貨の為替予約

円高になって損を
しないようにするための
為替変動リスク対策を行う

銀行 ➡️ 手形買取り価格の確定

One Point Advice
経済産業省の承認が必要なケース

たとえば一定の革製品を逆委託加工貿易のため革の原材料を外国に輸出する場合には、経済産業大臣の承認が必要です。ただし、総価額が100万円以下の場合は除かれます。

貿易取引では、しばしば売買価格が外貨で取引されますが、為替相場は常に変動しているため、場合によっては採算割れ（為替差損＊）を起こすことがあります。これを為替変動リスクといいます。

これを避けるため、**輸出者は為替**予約＊をすることで手形の買取り価格を確定し、採算割れを防ぎます。

また、輸出通関手続きを行う前に、輸出しようとする品が関税法以外の法令でも規制されていないか調べることが必要です。

日本における輸出の規制には、大

WORD ▶ 為替差損：為替変動により損失を受けること。

信用状取引の場合、荷為替手形の買取りに備えて外貨の先物買予約をします。許可や承認が必要な場合は、許認可を得ます。

作業の流れ 　輸出者 ⟶ 銀行、各関係省庁

> 輸出の際に許可や承認が必要な場合は、
> 通関手続きの前に各関係省庁に申請する

経済産業省

許可　大量破壊兵器開発用途に使用されるおそれのある物質は輸出にあたり許可が必要

承認　日本からの逆委託加工貿易に際し、その原材料を輸出する場合、一定のものの場合は輸出承認が必要

各主務官庁

許可　● 美術品
　　　　● 麻薬等

承認

きく分けて、**関税関係法による規制（関税法等）とそれ以外の貿易関係法や国内関係法による規制（他法令）が**あります。

　関税関係法による規制は、財務省・税関、国内関係法による規制は経済産業省ほか各主務官庁の管轄になっています。

　輸出にあたり外為法（外国為替及び外国貿易法）や他法令により許可や承認等が必要な場合があるので、各関係省庁の許可や承認等を、通関手続きを行う前に取得し、輸出申告時に税関に証明します。

WORD ▶ 為替予約：あらかじめ外貨の種類や金額、為替相場や受け渡し時期などを定め、その条件にもとづいて為替売買を行うこと。

船積みの準備

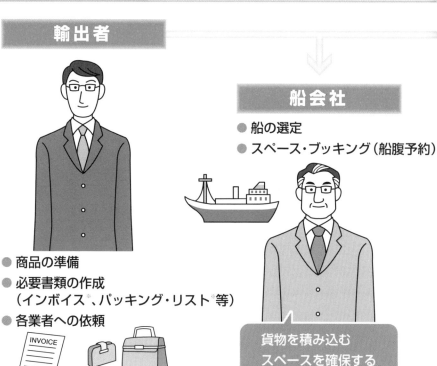

各業者への依頼の流れ

輸出者

● 商品の準備
● 必要書類の作成
　（インボイス*、パッキング・リスト*等）
● 各業者への依頼

INVOICE

船会社

● 船の選定
● スペース・ブッキング（船腹予約）

貨物を積み込む
スペースを確保する

　書類の準備ができたら、各業者にそれぞれの業務を依頼します。

　船会社に対しては**船腹の予約（スペース・ブッキング）**を行います。配船表のスケジュールを確認し、輸出する貨物や仕向港に適した船を選択したら、電話でブッキングを行います。また、**海貨業者（通関業者）**に対し

て、**船積依頼書（シッピング・インストラクションズ）**を作成し、通関と船積みの手続きを依頼します。

　貿易取引では輸送が長距離になるため、貨物の損傷や船舶の事故に備えて、事前に貨物海上保険をかけます。輸入者との間で取り決めた貿易条件において、輸出者が保険をかける条

　WORD ▶ インボイス：商品の明細などを示す書類。　パッキング・リスト：貨物の梱包明細書。

輸出者は、信用状を入手したら、輸出の準備をはじめます。まず、各業者や輸入者に渡すための必要書類を作成します。

作業の流れ　輸出者 ⟶ 船会社・海貨業者・保険会社

海貨業者

● 通関手続きの依頼と船積みの手配

税関長の許可を受けた通関業者に「輸出通関」の手続きを委託

保険会社

● 貨物海上保険の申込み

保険条件の種類にはA/R(A)、WA(B)、FPA(C)の各3つがある

件の場合には、保険会社に対して貨物海上保険を申込みます。貨物海上保険には、新約款と旧約款があります。旧約款にはA/R（全危険担保）、WA（分損担保）、FPA（分損不担保）の保険条件があります。一方、新約款では、(A)(A/R相当)、(B)(WA相当)、(C)(FPA相当)の保険条件が

あります。保険約款は、新旧両方を選択的に使用することが可能です。

このうち**あらゆる偶発的な事故による損害をてん補するのがA/R(A)です**。しかし、戦争、ストライキ、暴動による損害はてん補されませんので、特約をつけることが必要です（本冊P126参照）。

貨物の船積み

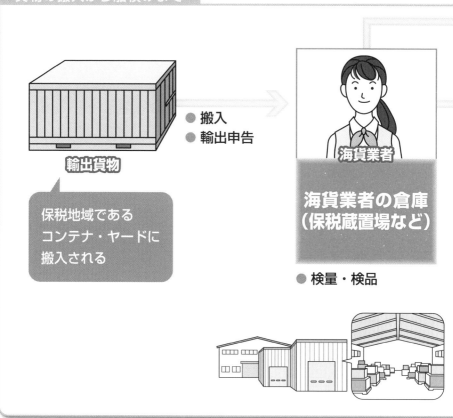

貨物の搬入から船積みまで

● 搬入
● 輸出申告

輸出貨物

保税地域である
コンテナ・ヤードに
搬入される

海貨業者

海貨業者の倉庫 （保税蔵置場など）

● 検量・検品

輸出者は原則として、税関長宛に輸出申告を行います。その後輸出用に梱包された貨物を、海貨業者の倉庫（保税蔵置場等）に搬入します。ここで税関の検査を受けます。また必要があれば宣誓検量人により、検量・検品も受けます。

税関により書類審査や貨物審査が行われた後、輸出許可を受ければ、通関手続きの完了です。**コンテナ船での輸送の場合は、貨物は通関後にコンテナ・ヤード（CY）に搬入され、コンテナに積み込まれた後、船会社によって船積みされます。**

42　　WORD ▶ **艀**：港湾などで大型船と陸との間を往復して貨物を運ぶ船のこと。

輸出貨物は原則として輸出申告後、保税地域に搬入されます。輸出許可を受けたら船会社によって船積みされます。

作業の流れ 　輸出者（貨物）➡ 海貨業者 ➡ 税関 ➡ 船会社

コンテナ・ヤード（CY）

大口貨物の場合

船会社
コンテナ・フレート・ステーション（CFS）

● 貨物の混載
● コンテナに積み込む

小口貨物の場合

● コンテナに積み込む

在来船の場合はガントリークレーンなどでコンテナ船に積み込む

　小口貨物（LCL）の場合は、いったんコンテナ・フレート・ステーション（CFS）に持ち込まれ、他の貨物と混載された後、コンテナ・ヤードを経由して船積みされます。**在来船での輸送であれば、艀や倉庫から直接船積みされます**。無事に船積みが完了すると、船会社から船荷証券（B/L）が発行されます。なお、大口貨物（FCL）の場合、貨物を輸出者の工場や倉庫でコンテナに積み込まれた状態で、輸出申告を行うことができます。その後CYで検査が行われ、輸出許可を受けることができます。

商品代金の請求

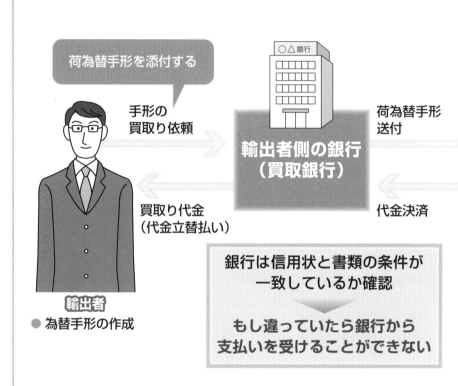

荷為替手形で商品代金を請求する

荷為替手形を添付する

手形の
買取り依頼

○△銀行

荷為替手形
送付

輸出者側の銀行
（買取銀行）

買取り代金
（代金立替払い）

代金決済

輸出者
● 為替手形の作成

銀行は信用状と書類の条件が
一致しているか確認

もし違っていたら銀行から
支払いを受けることができない

　船積みが完了したら、輸出者は為替手形を作成し、荷為替手形（船積書類が添付された為替手形）という方法で輸入者に対して商品の代金を請求します。為替手形は2通1組で作成される組手形です。これは、手形を相手銀行に輸送中、万一紛失や遅延

があった場合に備え、それぞれ別の航空便で送られます。
　信用状（L/C）による取引の場合は、「信用状付荷為替手形買取依頼書」に荷為替手形と信用状の原本を添えて、銀行に手形の買取りを依頼します。信用状で「買取銀行*」が指定

　WORD ▶ 買取銀行：輸出者の取引銀行で、手形を買取る銀行。

船積みが完了したら、信用状取引の場合、為替手形（組手形）を作成します。荷為替手形を銀行に持ち込み、買取ってもらいます。

作業の流れ 　輸出者 ⟶ 輸入者

手形代金請求

**輸入者側の銀行
（信用状発行銀行）**

手形代金
支払い

輸入者

Q 荷為替手形とは？

A 為替手形に船荷証券（B/L）、インボイス（Invoice）、保険証券などの船積書類が添付されたものをいいます。

されていなければ、どの銀行に持ち込んでもかまいません。

　買取銀行が指定されている場合でも、手数料を払うことで指定銀行以外でも買取ってもらえます。

　手形の買取りの際には「輸出者の提出する書類がL/Cに記載された内容と合致すること」が条件となりますので、不備のないように気をつけましょう。

　信用状にもとづかない取引（D/P、D/A）の場合には、銀行は代金の回収保証がないため、原則として手形は取立て扱いとなります。

輸入の仕事の流れ

通知銀行

③ 信用状発行

④ 信用状通知

発行銀行

⑦ 荷為替手形

② 為替予約／信用状開設依頼

① 契約成立

⑧ 外国為替送金

輸出者

輸入者

経済産業省ほか 関係主務官庁

⑤ 他法令にもとづく 輸入許可や 承認等の申請

契約成立から貨物の引き渡しまで

- ① 契約成立
- ② 為替予約／信用状開設依頼
- ③ 信用状発行
- ④ 信用状通知
- ⑤ 他法令にもとづく 輸入許可や承認等の申請
- ⑥ 予定保険の申込み／保険契約
- ⑦ 荷為替手形
- ⑧ 外国為替送金
- ⑨ 貨物到着案内
- ⑩ 通関手続き依頼／貨物引き渡し
- ⑪ 輸入申告／輸入許可

輸出者と契約が成立してから、貨物が到着するまでの流れを紹介します。関わる人や作業について、きちんと把握しましょう。

保険会社

税関

❻ 予定保険
の申込み／
保険契約

⓫ 輸入申告／
輸入許可

海貨業者

⓾ 通関手続き依頼
／貨物引き渡し

船会社

❾ 貨物到着案内

上の図で示した流れの詳細は、以下のページに掲載しています。

❶ ➡ p48 〜 49 ………… 輸入交渉から契約まで
❷〜❹ ➡ p50 〜 51 ………… 為替予約と信用状の開設
❺〜❻ ➡ p52 〜 53 ………… 輸入承認と保険の申込み
❼〜❽ ➡ p54 〜 55 ………… 確定保険への切り替えと手形代金の支払い
❾〜⓫ ➡ p56 〜 61 ………… 手形の決済と代金支払い、
　　　　　　　　　　　　　　　貨物の引き取り準備、貨物の引き渡し

輸入交渉から契約まで

国内市場の調査から契約成立まで

市場調査 ➡ **戦略**

● ニーズの発見
● 商品の発見

国内の消費者に受け入れられるかどうかを検討する

輸入戦略

⬇

マーケティングの4P's

Product(商品計画)
<small>プロダクト</small>

Price(価格設定)
<small>プライス</small>

Place(流通システム)
<small>プレイス</small>

Promotion(販促活動)
<small>プロモーション</small>

これらを組み合わせて顧客や価格帯に合わせて戦略を練る

マーケティング・ミックス

輸入者

　海外から輸入するにあたり、輸入者はまず国内市場の調査をします。**市場に合った海外製品を選定したら、輸出の場合と同じくマーケティング戦略を行います**（本冊P32参照）。さまざまな角度から検討を繰り返し、戦略を立てていきます。

　その際注意しなければならないのは、外国の製品をそのまま日本で販売できるのか、という点です。

　日本の法令で規制されていたり、日本人の嗜好や体型に合っているかを調査し、適さない場合には、適合するように改良しなければなり

　WORD ▶ 反対申込み：カウンターオファーともいわれる。取引の採算が合わない場合、その内容を修正する申込み。

輸入者は国内市場の調査をし、市場に合った外国製品を探します。日本の市場に適さない場合は、改良も必要です。

作業の流れ 輸入者

検討

- 取引先の選定
- 法制度の調査
- 国内市場への適合

**日本人の
嗜好・体型を調査**

改良

実行

引合い

- サンプル依頼
- 見積もり

見積書

契約締結へ

- 取引の申込み
- 反対申込み

ません。適合させるために費用がかかることもありますので、費用をかけて採算が合う品物か、よく検討する必要があります。**輸入する品物が決まったら、売手側から見積もりをとったり、サンプルを要求して詳細を問い合わせます（引合い）**。さらに、

契約締結に向けて、より具体的な条件（価格、数量、納期、支払い条件等）を確認し合いましょう（申込み、反対申込み*）。同時に相手企業の信用調査も行います。法的には**一方が提示した申込みを、もう一方が承諾すれば契約の成立**と考えられています。

為替予約と信用状の開設

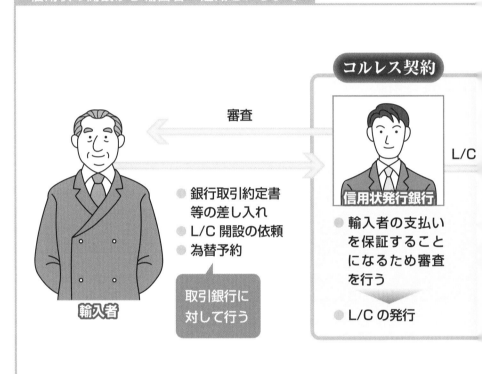

信用状の開設から輸出者へ通知されるまで

コルレス契約

審査

L/C

信用状発行銀行

- 銀行取引約定書等の差し入れ
- L/C 開設の依頼
- 為替予約

取引銀行に対して行う

輸入者

- 輸入者の支払いを保証することになるため審査を行う
- L/C の発行

　輸入者は、売買契約にもとづいて、銀行で信用状(L/C)を開設します。信用状の開設とは銀行の与信行為(金銭の貸付や保証)になるので、まずは取引の基本として交わされる銀行取引約定書※等を銀行に差し入れることからはじめます。

　銀行は輸入者の信用調査をし、信用度に応じた開設限度額を設定します。**輸入者は、開設を依頼するたびに、銀行所定の「信用状開設依頼書」を作成**し、信用状の開設依頼を行います。信用状が開設されると、通知銀行を経由して輸出者へ通知されま

　　WORD ▶ 銀行取引約定書：取引企業と銀行との間で、取引の基本として交わされる証書。

「信用状開設依頼書」を作成し、銀行に信用状の開設を依頼します。手形の決済に備えて外貨の為替予約をします。

作業の流れ 輸入者 ⟶ 銀行 ⟶ 輸出者

通知銀行は輸出者の希望によって決められることが多く、指示がなければ信用状発行銀行のコルレス銀行が選ばれます

L/C 開設通知

輸出地の通知銀行

コルレス契約とは、銀行同士が為替取引を行うために必要な事項を定めた契約。信用状発行銀行と通知銀行はあらかじめこのコルレス契約を結んでいる（コルレス銀行）

輸出者

す。また、将来の手形決済に備え、銀行で外貨の為替予約をします（先物予約）。常に変動している為替相場の影響を受けずに済むように、**為替予約をすることで外貨で支払う商品代（コスト）を確定し、採算割れを防ぎます（為替変動リスクの回避）。**

ココに注目!

通知銀行の役割

輸入者の取引銀行である信用状発行銀行が信用状を発行した場合、直接輸出者に信用状は送付されません。必ず通知銀行を経由します。これは、信用状発行銀行と現地の通知銀行間で暗号を取り決め、その暗号により信用状の真偽を通知銀行がチェックするためです。

輸入承認と保険の申込み

輸入（納税）申告と保険の申込み

輸入者

必要な場合は各省庁に
許可や承認等をとる

主務官庁

他法令による許認可の取得

例　**経済産業省**

（外為法と輸入貿易管理令で
指定された貨物）

- 輸入割当（わりあて）
- 輸入承認
- 事前確認

例　**その他の省庁**

- 食品衛生法
- 薬事法等

　輸出の場合と同様、輸入者は貨物の輸入にあたり、輸入しようとする品が他法令で規制されていないか調べる必要があります。

　輸入にあたり、許可や承認等が必要な場合は、各関係省庁の許可や承認等を通関手続きの前に取得し、輸入（納税）申告時に税関に証明しなければなりません。**輸入の規制には大きく分けて、関税法及び関税に関する法律による規制とそれ以外の法律による規制（他法令）があります。**輸入（納税）申告までに必要となるのは、後者の規制に対する許可や承認

WORD ▶ 予定保険：保険をかけるのに必要な事項、たとえば貨物の数量、価格等が不確定のときにかける保険のこと。

輸入にあたり、他法令で許可や承認が必要な場合は、許認可を得ます。そのうえ
で、税関長宛てに輸入(納税)申告を行います。また海上保険の申込みをします。

作業の流れ 輸入者➡ 主務官庁、保険会社

通関手続き　　　　　　　保険の申込み

税関長　　　　　　保険会社

予定保険
契約書

海上保険の申込み

予定保険契約

輸入(納税)申告

等です。

　また、輸出者との契約条件で、輸入
者が保険をかける条件の場合は、保
険会社に対して海上保険の申込みを
行います。この時点では、輸入者は貨
物の詳細な情報を入手することが難
しいため、**不確定な項目はそのまま**

で「**予定保険***契約」を結びます。予定
保険契約には、個別取引ごとに契約
をする個別予定保険契約と、ある一
定期間のすべての船積みに対して事
前に契約をする、包括予定保険契約
があります。不確定な内容が確定し
た時点で確定保険に切り替えます。

確定保険への切り替えと手形代金の支払い

L/C付き取引条件のしくみ

信用状発行銀行

L/C 発行

手形代金の請求

手形代金の
立替え払い

¥10000

輸入者

保険会社

**確定保険への
切り替えを行う**

> 輸出者から船積み通知が知らされると、予定保険を確定保険に切り替えられる

輸出地での船積みが終了すると、輸出者から輸入者に、貨物の数量、価格、船名等といった船積み内容の明細が知らされます。これを船積通知（Shipping Advice）といいます。これにより、海上保険をかけるのに不確定であった項目が確定するので、

輸入者は保険会社に連絡し、**通知内容にもとづいて予定保険を確定保険に切り替え、保険料の支払いをします**。輸出者が作成した荷為替手形は、現地の通知銀行※を経由して輸入地の信用状発行銀行に送られてきます。

　WORD ▶ 通知銀行：輸出者側の銀行で、手形の買取りを行う。

予定保険を確定保険に切り替えます。L/C（信用状）付き取引
条件の場合には、銀行によって手形の立替え払いがなされます。

作業の流れ 輸出者 ⟶ 輸入者 ⟶ 銀行・保険会社

輸出者側の
銀行（通知銀行）

手形代金の立替え払い

¥10000

手形買取を行う

船積通知（Shipping Advice）

貨物の数量など、
船積み内容を知らせる

船積通知

輸出者

L/C付き取引条件の場合には、銀行による手形の買取りがなされます。つまり、買取銀行が輸入者に代わって、輸出者へ手形代金の立替え払いを行うのです。

立替え払いをした銀行は、信用状発行銀行に手形代金をさらに立替え払いしてもらいます。

最後に信用状発行銀行は荷為替手形を輸入者に呈示し、手形代金の支払いを請求します。

輸入者は手形の決済条件に応じて、手形の決済または引き受けをし、船積書類を入手します。

手形の決済と代金支払い

L/C付き取引条件以外の場合の決算のしくみ

荷為替手形の到着通知

手形の決済

船積書類
の交付

信用状発行銀行

L/C 発行

D/PかD/Aのどちらかの
方法で決済を行う

輸入者

D/P とは	Documents against Payment（手形支払書類渡し）。手形が輸入者などの名宛人に呈示されると、名宛人はその代金を支払うことと引き換えに貨物の引き取りに必要な船積書類の交付を受ける

ドキュメンツ　アゲインスト　ペイメント

　輸入者は、銀行から荷為替手形の到着の連絡を受けたら、手形の決済をして貨物の引き取りに必要な船積書類の交付を受けます。

　この際、輸出者が発行した**手形が一覧払い（At Sight）の場合、輸入者はただちに手形を決済しなければな**りません。これを**D/P手形**といいます。この場合、輸入者は貨物の売却益を得る前に商品代を支払うことになり、金銭的な余裕が必要になります。そこで輸入者は銀行から融資を受けたり、支払いを待ってもらうことがあります。これを輸入金融と呼びま

L/C付き取引条件以外の場合、荷為替手形が到着したら、手形の支払いや引き受けをし、船積書類の交付を受けます。

作業の流れ 輸入者 ⟶ 銀行 ⟶ 輸出者

荷為替手形（為替手形 ＋ 船積書類）

輸出者側の銀行（通知銀行）

手形代金の支払い

外国為替送金の場合
船積書類は直接輸入者へ送られる

船荷証券

輸出者

D/A とは
Documents against Acceptance（手形引受書類渡し）。手形が輸入者などの名宛人に呈示されると、名宛人はその手形を引き受ける（将来の手形期日に代金を支払うことを約束する）ことと引き換えに貨物の引き取りに必要な船積書類の交付を受ける

す。手形が期日付手形の場合は、到着時に手形の引き受けをして船積書類を引き渡してもらい、手形の期日に支払いを実行します。これをD/A手形といいます。

　荷為替手形を使用しない外国為替送金による支払いの場合は、銀行で外国送金依頼書を記入して送金手続きを行い、輸出者に直接代金を送金します。この場合は銀行による立替え払いが行われないため、「前払送金」か「後払送金」になります。通常、送金確認後、船積書類は輸出者から輸入者へ直接送付されます。

1章　*Chapter 2-7*　輸入実務の仕事の流れ

貨物の引き取り準備

貨物の引き取りまでの流れ

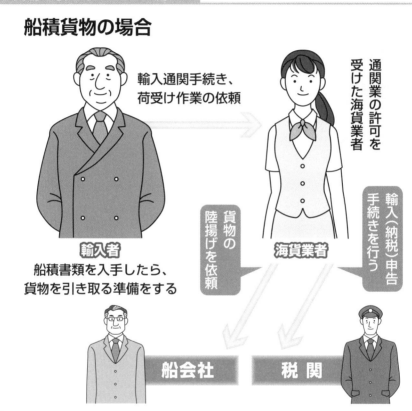

船積貨物の場合

通関業の許可を
受けた海貨業者

輸入通関手続き、
荷受け作業の依頼

輸入（納税）申告
手続きを行う

貨物の
陸揚げを
依頼

輸入者
船積書類を入手したら、
貨物を引き取る準備をする

海貨業者

船会社　　**税 関**

　輸入者は、船積書類を入手したら、貨物の引き取りの準備をします。必要書類を呈示し、通関業の許可を受けた海貨業者に、輸入通関手続きと荷受け作業を依頼します。

　税関長への輸入（納税）申告にあたり、事前に他法令による許認可を取得している場合には、それを証明できる書類もあわせて呈示します。また、貨物の引き取りには、輸入許可書のほか、手形と一緒に届く船荷証券※（B/L）が必要です。もっとも、**船荷証券が銀行を経由して輸入者に届く前に貨物が到着した場合は、「L/G（保**

WORD ▶ 船荷証券：運送人と荷送人の運送契約にもとづいて、貨物の受け取り及び船積みしたことを証明する書類。

船積書類を入手したら、通関業の許可を受けた海貨業者（通関業者）に輸入通関手続きと荷受け作業を依頼します。

作業の流れ 輸入者 ⟶ 海貨業者

航空貨物の場合

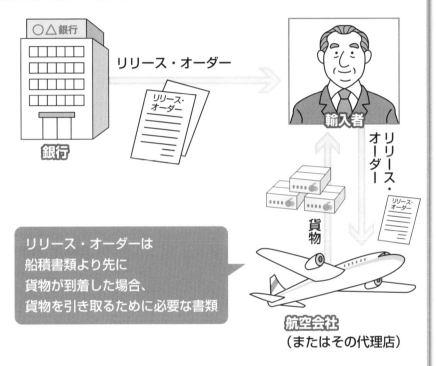

リリース・オーダー

銀行

リリース・オーダー

輸入者

リリース・オーダー

貨物

リリース・オーダーは
船積書類より先に
貨物が到着した場合、
貨物を引き取るために必要な書類

航空会社
（またはその代理店）

証状）」で貨物を引き取ることができます。航空貨物の場合には、通常、銀行経由の船積書類より先に貨物が到着します。この場合、**銀行から発行された「航空貨物引渡指図書（リリース・オーダー）」を航空会社に呈示する**ことで貨物を引き取ることができるのです。

ココに注目！

L/G（保証状）とは

B/Lなしで貨物を引き取ることについて、万一、船会社に損害を与えた場合に、その損害を補償する旨を約束した保証状で、輸入者の信用を補てんするために銀行が連帯保証しているもの。

貨物の引き渡し

貨物の到着から引き渡しまで

輸入通関手続きの依頼

貨物の引き渡し

> 輸入が許可されたら
> 輸入者に貨物が
> 引き渡される

輸入者

貨物が到着したら
海貨業者に通関手続きを依頼する

海貨業者

輸入申告書を作成して
輸入（納税）申告を行う

▶ 大口貨物：コンテナ・ヤード ➡ 保税地域に搬入
▶ 小口貨物：コンテナ・ヤード ➡ コンテナ・フレート・ステーション ➡ 保税地域に搬入

　輸入した貨物が到着する際は、いくつかの方法があります。コンテナ船で到着した**大口の輸入貨物の場合は、まずコンテナ・ヤード（CY）に荷卸しされ、保税地域に搬入**されます。小口貨物の場合は、コンテナ・ヤード（CY）に荷卸しされた後、コンテナ・フレート・ステーション（CFS）で仕分けされ、その後、保税地域に搬入されます。一方、在来船の場合には、荷主の責任で貨物を保税地域に搬入する自家揚げと、船会社が貨物を一括して保税地域に搬入する総揚げがあります。

到着した貨物は原則的に保税地域に搬入後、税関に対して輸入（納税）申告が行われ、許可されたら輸入者に引き渡されます。

作業の流れ　輸入者 ⟶ 海貨業者（通関業者） ⟶ 税関

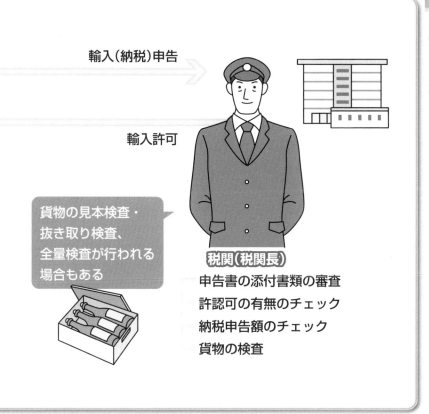

輸入（納税）申告

輸入許可

貨物の見本検査・抜き取り検査、全量検査が行われる場合もある

税関（税関長）
申告書の添付書類の審査
許認可の有無のチェック
納税申告額のチェック
貨物の検査

　同時に海貨業者によって輸入（納税）申告書が作成され、税関に対して輸入（納税）申告と関税等の納付申告手続きが行われます。税関は申告書の内容をチェックし、必要な許認可を受けているかどうかを調べます。

　また、申告した税額に間違いがな

いかを調べます。この際、**必要に応じて貨物の見本検査や抜き取り検査、全量検査が行われる**ことがあります。税関は申告内容に問題がない場合は、関税が納付されると、輸入許可を出します。これで輸入通関が完了し、貨物は輸入者に引き渡されます。

「植物防疫法」とは?

外国から輸入される植物類は、国際植物防疫条約にもとづき、国内法で定められた「植物防疫法」の規定により、植物検疫を受けなければなりません。

植物検疫とは、国内の植物に害を与えないために、空港または港湾で輸入される野菜や果物などの農産物、栽培用植物（苗木や球根など）、観賞用の切花などに有害な害虫や病菌が付着または侵入していないかを検査することです。貨物で輸入される場合以外でも携帯品、郵便物などによって輸入される場合も植物検疫の対象となります。

また輸入時の検査で病害虫や寄生虫が潜んでいる危険性の高い、土や生きた病害虫などは輸入禁止の対象となります。輸入禁止地域から発送または経由して輸入される特定の植物、土（または土の付着した植物等）は輸入してはならないとされています。しかし、試験研究の目的や展示などに使用する場合は、農林水産大臣の許可によって輸入が認められることもあります。

「植物防疫法」の規制対象とされた物品を輸入する場合は、植物防疫所の検査を受けて検査結果によって発給された証明書「（植物検査合格証明書）」を税関に提出し確認を受けなければなりません。

ここで問題です！
土のついたウコンは輸入禁止品に該当しますが、ウコンの根茎を乾燥させ、粉末にしたものも輸入禁止品に該当するでしょうか？（答えは欄外）

　答え　ウコンの土を取り除き、根茎を乾燥させて粉末にしたものは輸入禁止品に該当しません。

第2章

貿易実務を覚えよう

1章では貿易実務の仕事の流れを確認しました。
2章では項目ごとに詳しい実務の内容を押さえていきます。

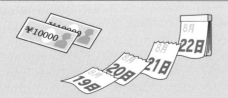

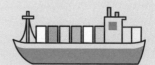

貿易取引の準備から契約成立まで

市場調査の方法 ➡ P.66〜75

| 市場調査 | 輸入の場合は日本国内の、輸出の場合は相手国の市場を調査 |

| 取引先の発見 | 自社の取引先にふさわしい候補をリストアップ |

| 信用調査 | 絞り込んだ候補先の信用状態を調査する |

| 取引交渉 | リストアップした取引先候補と交渉し、契約に向けて具体的な交渉を進める |

| 契約成立 | 取引交渉の結果、契約が成立。書面で内容を確認する |

貿易のスタートとなる取引準備から、
取引相手との契約までの流れを個別にまとめました。
それぞれの内容をきちんと把握しましょう。

市場調査の項目に関する情報の入手方法 ➡ P.66〜67

- 関係業界や専門商社等からの情報収集
- 大使館や商務部、JETRO などの貿易関係機関のサイトを調べる
- 貿易や生産統計資料などを調べる
- 専門誌、業界紙またはカタログを調べる
- 調査機関に市場調査を委託
- 海外見本市に出品し、反響を調べる

信用調査の方法 ➡ P.68〜69

- 銀行に照会する
- 信用調査機関に調査を依頼
  （JETRO、ダン社といった国際的に有名な商業興信所等）
- 相手企業の取引先や同業者に照会する

契約を交わす際の注意点 ➡ P.74〜75

- 口約束は NG。必ず書面契約を交わすこと！

契約書の種類

注文書	……………	買い手が作成
注文請書（うけしょ）	……………	売り手が作成

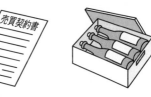

契約書の形式

タイプ条項	…………	個別にタイプで記入した条項
印刷条項	……………	あらかじめ裏面に印刷された条項

取引先を見つける

◎市場調査では、相手国の輸送形態や法令などを確認しましょう。

◎マーケティング戦略では商品計画、価格設定、流通システム、販売促進が重要です。

作業の流れ 輸出者 ⟶ 輸入者

市場調査をする

海外と輸出入の取引を行う際は、市場調査が必要です。**調査は商品が販売される国の一般的な情報と、商品特有の情報という2つの視点から行います。**

その際は、以下のポイントを中心に見ることが大切です。

①相手国の輸送形態が整っているか

②商品が相手国の市場に適しているか

③その商品が法令などで規制されていないか　等

事前に市場調査をしっかり行うことで、最適な取引先と商品を見つけることができます。一般的な情報は、インターネットやJETRO（日本貿易振興機構：海外の市場調査や貿易に関する事業を行う独立行政法人）等の統計資料から入手できますが、商品特有の情報は、現地で調査を行うのがよいでしょう。専門のコンサルタントの起用も有効です。

マーケティング戦略を練る

市場調査を終えたら、開拓した市場を維持し、発展させるために戦略を練ります。これをマーケティング戦略といいます。マーケティング戦略では、基本的には次の4つの要素を検討します。

①商品計画（Product）

②価格設定（Price）

③流通システム（Place）

④販促活動（Promotion）

これらの要素をそれぞれの頭文字をとって4P'sと呼び、市場に合わせて効果的に組み合わせることを「マーケティング・ミックス」と呼びます。

マーケティングの流れ

輸入と輸出では、戦略の立て方が以下のように異なります。

輸出者	市場調査	輸入者
インターネットや 現地での調査		商品のニーズや 国内市場調査
	戦略を練る	
取引先の選定 法関連のチェック		取引先の選定、 法関連のチェック、 国内市場への適合化
	検 討	
■ 一般的情報 ■ 商品特有の情報 ■ マーケティング・ 　ミックス(4P's) ■ 取引先の選定 ■ 法関連のチェック		■ 商品のニーズと 　市場調査 ■ マーケティング・ 　ミックス(4P's) ■ 取引先の選定 ■ 法関連のチェック ■ 国内市場への適合化
	実 行	

【市場調査の項目】

一般情報はインターネットやJETRO、大使館等で、商品特有の情報は見本市、展示会、現地の商工会議所、貿易団体の情報等を元に調べます。

一般情報		商品特有の情報	
地理・文化・社会	気候・風俗・慣習・ 所得水準	消費者・供給者	消費者数・供給者数・ 購買意欲・信頼性
政治・経済	政治形態・外国政策	市場	販売方法・流通機構・ 競争力・宣伝活動
法制度	民法・商法・税法等	需要情報	輸出入量・生産量・ 販売量・販売額等
金融・為替	金融機関・為替管理・ 国際収入等	製品	品質・サイズ・ スタイル等
流通・物流・通信	流通制度・港湾設備・ 道路交通	競合製品	競合品の有無

信用調査を行う

Point ◎取引先の信用調査をする際は、資産・営業能力・誠実性等に注目しましょう。専門の調査機関に依頼する方法もあります。

作業の流れ 輸出者 ⟷ 輸入者

信用調査を行う

貿易取引は異なる国の間で行われるため、取引相手についての情報が乏しく、信用状態に不安があることが多いものです。また、契約から決済の終了までには期間があります。そのため、取引先候補の信用調査を行い、信用度に応じた取引をすることが重要になります。

調査方法

調査方法としては以下の4つがあげられ、通常これらを組み合わせて行われます。

Ⓐ銀行に照会する(Bank Reference) …財務状態に重きをおいて調査する場合

Ⓑ商業興信所に依頼する(Credit Agency) …ダン・レポートで世界的に有名なダン社(Dun & Bradstreet Corp)やJETROなどの機関を利用する

Ⓒ相手先の取引先や同業者に照会する(Trade Reference)

Ⓓ商社名簿の格付けを参照する

調査内容

信用調査の項目としては以下の項目をチェックすることが大切です。

①Capital(資産、財政状態)

②Capacity(営業能力、経験、取引量)

③Character(誠実性)

④Conditions(政治・経済的事情)

これらのうち①～③までを3C's、①～④までを4C'sと呼びます。

信用調査で確認すること

【調査内容】

設立年月日	業種	役員名
取引銀行	取引年月日	取引量
決算状況	資本金	従業員数
財務内容	規模・地位	経営者とプロフィール
収益力	営業方針	将来性
評判	総合信用度	

【ダン・レポートの見方】

報告書の種類

ORIGINAL REPORT
DUNS12-345-6489　　　　PRINTED:Jan10.20xx
　データバンク登録のコード
　　社名・住所など　　　　　WHL
Maunharf International,LTD.　機能
xx VICTORIA RD.
HONG KONG　　　　STEEL,FOODS
Tel: xxx-xxx　　取扱品目

概要

SUMMARY
RATING　　　　4A2　　格付け
PAYMENT　PROMPT　　支払状態
STARTED　　　　1954　　創立年
SALES　　　　900MIL　　年商
WORTH　　　　90MIL　　正味資産
IMPORTS　　　　YES
EMPLOYS　　　　800
HISTORY　　　CLEAR　　社歴
CONDITIONS　FAIR　　財務状況

純資産によるランク付け。
5Aが最高ランク

記号	推定正味資産（US $)			HIGH	GOOD	FAIR	LIMITED
5A	50,000,000	AND	OVER	1	2	3	4
4A	10,000,000	TO	49,999,999	1	2	3	4
3A	1,000,000	TO	9,999,999	1			4
2A	750,000	TO	999,999	1			4
1A	500,000	TO	749,999		2	3	4
BA	300,000	TO	499,999	1	2	3	4
BB	200,000	TO	299,999	1	2	3	4
CB	125,000	TO	199,999	1	2	3	4
CC	75,000	TO	124,999	1	2	3	4
DC	50,000	TO	74,999	1	2	3	4
DD	35,000	TO	49,999	1	2	3	4
EE	20,000	TO	34,999	1	2	3	4
FF	10,000	TO	19,999	1	2	3	4
GG	5,000	TO	9,999	1	2	3	4
HH	UP	TO	4,999	1	2	3	4

総合評価を表す1〜4

所有する純資産額を示す

取引の申込み

◎売り手側は取引先候補に売り込み活動をし、買い手側は興味を持った商品があれば詳細を問い合わせます。契約締結に向けて、条件をつめていきます。

作業の流れ 輸出者 ⟷ 輸入者

勧誘(Proposal)

売り手側企業は、市場調査の結果、何件かの取引先候補を選定したら、それぞれの企業に積極的な売り込み活動を開始します。DMや商品のカタログを送るなどして、**買い手候補企業の興味を引くような売り込み**を行います。また、一度に多くの企業にアプローチできる展示会に出展するのも効果的でしょう。

引合い(Inquiry)

勧誘を受けた買い手側企業は、興味を持った商品があれば、売り手側企業に商品の詳細を問い合わせます。具体的には見積もりや船積時期を問い合わせたり、商品のサンプルを依頼したりします。**引合いを受けた売り手側企業は、商品の特徴やメリットをあげ、オファーにつながるようにします。**

申込み(Offer)

契約締結に向けて、さらに具体的な条件を相手に提示することをオファーといいます。この段階では対象となる商品の品質や規格、取引の数量、価格、納期、支払条件等を提示していきます。この提示を売り手側から行うことをSelling Offerといい、買い手側から行うことをBuying Offerといいます。

交渉に関する注意点

ココに注目!

実際の取引を想定し、改良すべき点等があれば、具体的に話をしていきましょう。たとえば、法規制を考慮して品質を変更したり、市場の趣味・嗜好を考慮して企画を変更する場合等が考えられます。

WORD ▶ 引合い：輸出入の際に商品について売買条件等を問い合わせること。

取引の申込みとオファーの流れ

売り手となる輸出者が買い手となる輸入者にアプローチするところから取引の
申込みがスタートします。

① 勧誘
プロポーザル
(Proposal)

● 輸出者は取引先候補に
売り込み活動を行う

DMやカタログの送付でアピール

② 引合い
インクワイアリー
(Inquiry)

● 勧誘された輸入者は
詳細を問い合わせる

見積もり・サンプルの依頼等

③ 申込み
オファー
(Offer)

● 商品の品質や数量、価格等を明示する

売り手から
提示する場合は
Selling Offer

買い手から
提示する場合は
Buying Offer

契約締結へ

売買契約書

取引交渉から承諾まで

◎承諾回答の期限等を定めた条件付きオファーもあるので確認しましょう。

◎一度ファーム・オファーを出すと期限内は取り消せないので、要注意です！

作業の流れ 輸出者 ⟷ 輸入者

取引交渉

輸入者（輸出者）が相手から提示されたオファーに対し、**内容の一部に変更や修正を加えて回答することを、反対申込み（Counter Offer）**といいます。反対申込みは法律的には新たな申込みとなるため、この時点で古いオファーは失効し、一番新しいオファーのみが存在することになります。反対申込みを繰り返し行い、契約締結に向けて双方の条件を歩み寄らせていきます。

オファーの種類

オファーにはいくつかのパターンがあります。オファーに返答する際、**承諾回答の期限が定められている場合は「ファーム・オファー（確定申込み）」**といいます。一度ファーム・オファーを出すと、期限内は内容の変更や撤回はできません。ファーム・オファーの期限内に相手が承諾したら、自動的に契約は成立します。

しかし、期限内に相手から返事がこなければ、当初のファーム・オファーは失効します。また、期限内に相手からカウンター・オファーがあった場合も失効します。ほかに、売主の確認があってはじめて契約が成立する「サブコン・オファー」や、在庫に限りがあって商品が売り切れた場合にオファーが失効する「先売りごめんオファー」のように、条件付きオファーもあります。

承諾（Acceptance）

売り手か買い手の一方が出したオファーを他方が承諾（Acceptance）し、契約を結びたいことを申し出ると契約が成立します。契約は口頭でも成立する諾成契約*です。

取引交渉の流れとオファーの種類

申込み （Offer）	商品の価格や 条件等を輸入者が提示する

輸入者　　　　　　　　　　**輸出者**

反対申込み （Counter Offer）	提示された内容に輸出者が 変更や修正を加えて回答する

契約成立

反対申込みに対し、輸入者が承認（Acceptance）を
行うことにより、契約成立する

One Point Advice
オファーの種類と特徴

①反対申込み … カウンター・オファー
　相手から提示されたオファーを一部修正して回答すること
②確定申込み … ファーム・オファー
　承諾回答期限を定めたオファー。期限を過ぎると無効になる
③確認条件付き申込み … サブコン・オファー
　売主の確認があってはじめて契約成立となるオファー
④先売りごめんオファー
　商品が売り切れたら失効してしまうオファー

契約を交わす

◎口約束はトラブルの原因となるので、必ず書面契約を！
◎継続的な取引では正式な契約書が必要ですが、1回だけの
　場合や小口取引等は、略式の契約書を使用します。

作業の流れ　輸出者 ⟶ 輸入者

契約書を作成する

　貿易取引における契約は、口頭で成立する諾成契約ですが、後々のトラブルを避けるため、書面による契約書を作成します。契約書にはおもに以下のようなものがあります。

①買い手側が作成する注文書や、売り手側が作成する注文請書を契約書とするもの。

②両者が合意した内容をすべて1つの契約書に記載するもの。

③すべての取引に共通する基本契約書と、個別の取引に対応する個別契約書の2つを使用するもの。

　代理店を通しての取引や継続的な取引、プラント輸出*などでは②、③のような正式な契約書が使われます。逆に、小口取引や1回限りの取引では、①の略式な契約書を使用することがほとんどです。なお、ウィーン売買条約（右ページ参照）にも留意しましょう。

タイプ条項と印刷条項

　契約書には、すでに説明したように注文書、注文請書等が使われます。これらは表裏で構成され、表面には売り手と買い手が取引交渉で合意した個々の船積みごとの条件（価格、数量、船積時期等）をタイプで記入するようになっており、**これをタイプ条項といいます**。裏面には契約書作成企業の一般的な取引に共通する条件があらかじめ印刷されており、これを印刷条項といいます。どちらの場合もサインをすることで、表裏の条件に合意したことになります。ただし、**タイプ条項の内容と、印刷条項の内容が矛盾した場合は、タイプ条項の内容が優先されると考えられます**。

　WORD ▶ プラント輸出：生産設備や大型機械等を輸出すること。また、その機械類に関する技術指導を含む場合もある。

契約の流れと取引条件

【契約書の役割】

| 輸出者 | → | 双方の合意により
申込み承諾 | ← | 輸入者 |

注文書　または　注文請書

注文書か注文請書が契約書として扱われる

トラブルを避けるため
契約書は必ず
作成すること！

【印刷条項の主要項目】（一般的な取引に共通する条件）

条項	条件例
□ 船積条件	時期の厳守、遅延への対処等
□ 支払条件	信用状の開設、条件、支払不履行への対処等
□ 保険	保険金額等
□ 保証	売主の保証、責任。買主の権利、求償権等
□ クレーム	書面による提起、売主の免責事項等
□ 契約不履行	売主の契約不履行に対する買主の対抗手段
□ 不可抗力	定義及び履行不能、遅延、解約等の選択権
□ 知的所有権	売買契約不履行に対する買主を紛争から守る。買主指示事項は売主無責
□ 紛争の解決	日本においては仲裁で解決する
□ 準拠法等	日本法、最新インコタームズに準拠
□ 譲渡禁止	同意なき契約の権利、義務の譲渡禁止
□ 権利放棄	クレーム・権利は文書承認のない限り放棄なし
□ 包括合意	本契約書の条件がすべてである

One Point Advice
ウィーン売買条約とは

国境を越える売買契約の成立、並びに、売主及び買主の権利義務について規定した、国際取引における統一法の1つ。2020年10月時点で92ヵ国が加盟しており、日本では2009年8月1日に発効された。契約で、ウィーン売買条約の適用を除外しない限り、ウィーン売買契約の規定が適用されるので、注意が必要。

貿易取引のしくみ

ここでは契約成立から重要な役割を果たす信用状と貿易取引について確認しましょう。

契約成立からの流れ

❶ 信用状の発行依頼 …………………………… 輸入者 ➡ 輸入者の銀行

❷ 信用状通知 ……………………………………… 輸出者の銀行 ➡ 輸出者

❸ 保険の申込み（輸出者が付保する場合）… 輸出者 ➡ 保険会社

❹ 船積みの依頼、船荷証券（ふなにしょうけん）の受け取り …… 輸出者 ➡ 船会社

❺ 荷為替手形（にがわせてがた）・船積書類の買取り依頼 ……… 輸出者 ➡ 輸出者の銀行

❻ 買取り代金の支払い ………………………… 輸出者の銀行 ➡ 輸出者

❼ 荷為替手形・船積書類の送付 ……………… 輸出者の銀行
　　　　　　　　　　　　　　　　　　　　　　　⬇
　　　　　　　　　　　　　　　　　　　　　　　輸入者の銀行 ➡ 輸入者

❽ 手形代金の請求 ……………………………… 輸入者の銀行 ➡ 輸入者

❾ 手形代金の支払いと船積書類の受け取り … 輸入者 ➡ 輸入者の銀行

❿ 銀行間決済（コルレス契約にもとづく）… 輸入者の銀行
　　　　　　　　　　　　　　　　　　　　　　　⬇
　　　　　　　　　　　　　　　　　　　　　　　輸出者の銀行

⓫ 船積書類の引き渡しと貨物の受け取り … 輸入者 ➡ 船会社

信用状とは ⇒ P.78〜85

⇒ 海外取引に関するリスクを軽減させるため、銀行が輸出者と輸入者の間に立ち、支払いを確約する書類。

⇒ 信用状の発行は、契約成立後に輸入者が取引銀行に依頼。

信用状の種類 ⇒ P.78〜79

取消不能信用状	一度開設すると、関係者全員（輸入者、輸出者、信用状発行銀行、確認信用状の場合は確認銀行）が合意しない限り変更できない信用状
取消可能信用状	信用状開設銀行が一方的に取り消し・変更できる信用状だが、このような信用状は流通していない
確認信用状	国際的に信用度が高い銀行の支払い確約を受けた、信頼性の高い信用状
買取銀行指定信用状	信用状の買取銀行が指定されている信用状
回転信用状	手形を決済すると、自動的に金額が振り込まれる信用状で、継続的な取引によく使われる

信用状の特徴とチェックポイント ⇒ P.80〜81

信用状取引では、信用状の内容と書類が一致していることが絶対条件。

● 信用状取引に必要な書類

インボイス・船荷証券・保険証券

● チェック項目

☐書類の発行日　☐商品名　☐数量　☐荷印　☐通数　☐包装

もし内容が違っていたら…

信用状の内容が書類と違っていた場合の対処法 ⇒ P.86〜87

輸入者に条件変更（アメンド）の手続きをとってもらう

⇒ アメンドには信用状に関係する人全員の同意が必要!

信用状の条件と書類が不一致 ! ディスクレ

⇒ ケーブル・ネゴ … 輸出者が買取銀行経由で、発行銀行に手形が買取り可能かを電信で問い合わせる方法

⇒ L/G付き買取り … L/G（保証状）を銀行に差し入れ、ディスクレのある状態のままでの買取りを依頼する方法

信用状の種類

◎取消不能信用状は関係者全員の同意がなければ取り消し・変更できません。現在流通しているL/Cはすべて取消不能信用状です。
◎確認信用状は信用状の目的を高めるために使われます。

作業の流れ 輸出者 ⟶ 輸入者の銀行(発行銀行)

信用状(L/C)とは

　海外取引では、商品受け取りや支払いに関する不安があります。そのため、銀行が輸出者と輸入者の間に立ち、支払いを確約する書類を発行します。これが信用状といわれるもので、契約成立後に輸入者が取引銀行に発行を依頼します。信用状には機能や目的によっていくつかの種類があります。おもな信用状の種類を確認し、取引に応じて最適な信用状を選択しましょう。

取消不能信用状(Irrevocable L/C)

　一度開設されると、その有効期間中は輸出者、輸入者、信用状発行銀行※、確認信用状の場合は確認銀行など**関係者全員の合意がない限り、取り消しや変更ができない**信用状。信用状上にIrrevocable L/Cと表示されるか、何も記載されていない信用状はこれにあたります。

確認信用状(Confirmed L/C)

　信用状の信用度を高める目的で、信用状発行銀行のほかに国際的に**信用度の高い銀行の支払い確約も受けている信用状**のこと。

買取銀行指定信用状(Restricted L/C)

　信用状の買取銀行※が指定されている信用状のこと。指定されていないものをOpen L/Cといいます。

回転信用状(Revolving L/C)

　手形を決済すると同金額の信用状が自動的に更新される信用状のこと。継続的な取引等に使用されます。

WORD▶ 信用状発行銀行：輸入者から依頼を受けて信用状を発行する銀行。発行銀行ともいう。
買取銀行：輸出者の取引銀行で、荷為替手形を買取る銀行。

信用状のメリット

信用状は輸出者と輸入者の双方にメリットがあります。

輸出者のメリット

❶ 代金回収リスクの回避

- 信用状条件どおりの書類を提出することで、代金の支払いが確約される

❷ 資金負担リスクの回避

- 船積みとほぼ同時に代金を回収することができる

輸入者のメリット

❶ 資金負担リスクの回避

- 前払いにするときよりも資金負担が軽減される
- 先に商品を売却してその代金を銀行との決済にあてることもできる

❷ 商品入手リスクの回避

- 輸出者に信用状条件に合った書類の提出を求め、契約どおりに取引することを義務付けられる

【輸出者から呈示される書類】

信用状取引では輸出者に以下の書類を要求し、契約どおりの内容になっているか確認する必要があります。

書類名	内容	回避できるリスク
□ インボイス	商品の明細等を記す書類	契約どおりの商品かどうか確認できる
□ 船荷証券（B/L）	船積みをした証明書	貨物が確実に船積みされた証明になる
□ 保険証券	海上保険等の書類	運送途上の事故による損害をカバーできる

Q 取り消し可能な信用状もあるの？

A 信用状発行銀行が一方的に取り消しや変更ができる信用状を取消可能信用状といいます。ただし、取消可能信用状はリスクが高いので、実際の貿易取引で使われることはありません。なお、信用状統一規則（UCP600）では、すべての信用状は取消不能信用状でなければならないとされています。

信用状のチェックポイント

Point

◎信用状の内容に差異や誤記等があったら、すぐに条件変更手続きを取ります。
◎輸出者が信用状取引条件を変更する場合は、当事者全員の合意が必要になります。

作業の流れ 輸出者 ⟶ 輸入者

信用状のチェック

信用状取引では、輸出者は信用状の条件どおりに船積みし、要求されている書類と合致した書類を銀行に呈示しなければ手形を買い取ってもらえません。そこで**輸出者は信用状を入手したら、速やかにその内容をチェックする**必要があります。もしも契約事項との差異や誤記、実行するのが難しい要求事項等があった場合には、ただちに輸入者に連絡し、条件変更（Amendment）の手続きをとってもらいます。

条件変更は、船積期限・信用状の有効期限・銀行への書類の呈示期限や到着期限が不合理に短い場合や、契約金額が概算にもかかわらず、数量や金額の多少の増減も許容されない場合等に行います。

信用状の条件変更（Amendment）

信用状の条件変更をするには、信用状関係当事者全員（輸出者、輸入者、信用状発行銀行、確認信用状の場合は確認銀行）の同意が必要です。変更の際は、輸出者からの連絡を受け、信用状発行依頼人である輸入者が、信用状発行銀行に対して、その銀行指定のフォームを使って信用状条件の変更を依頼します。信用状発行銀行がそれを承諾すると、発行時と同じルートをたどって、信用状条件の変更が輸出者まで通知されます。

なお、**条件変更は通常、アメンドと呼ばれています**。逆に輸入者が条件変更を申し出る場合は、事前に輸出者に連絡し、同意を得たうえで、信用状発行銀行で手続きを行います。変更通知書が通知銀行を経由して輸出者に届き、輸出者が変更内容に同意したことが確認されると、信用状の条件は変更されたことになります。**信用状の条件変更を行うには、変更手数料が必要です。**

信用状の内容と条件変更のしくみ

【信用状条件と荷為替手形、船積書類の共通の点検事項】

項目	チェックポイント
☐ 書類の発行日	信用状の有効期限内、または船積期限内であること
☐ 商品名	信用状とインボイスの商品名が完全に一致すること
☐ 数量	すべての書類に共通した単位を使用し、一致していること
☐ 通数	すべての書類において信用状に記載されたとおりであること
☐ 荷印	インボイスと船荷証券の荷印が一致していること
☐ 包装	インボイスとパッキング・リスト上の包装についての記載が一致していること

【信用状の条件変更（アメンド）の流れ】

信用状の条件変更は、たとえば輸出者から依頼があった場合、輸入者が信用状発行銀行に対して行います。

輸出者

❶条件変更の連絡
（メール・ファクシミリ等で）

輸入者

❷条件変更の依頼
（銀行の指定フォームを使う）

❹条件変更の通知

通知銀行

❸条件変更の通知

信用状発行銀行

信用状決済のしくみ〈輸出〉

Point
◎信用状の条件と合致した船積書類を取り揃えます。
◎荷為替手形を銀行に買い取ってもらい、代金を回収します。

作業の流れ　輸出者 —→ 買取銀行

銀行への手形買取り依頼

　輸入者によって発行された信用状は、コルレス契約※を結んでいる通知銀行を経由して、輸出者のもとに届きます。輸出者は船積みが完了したら、輸入者または信用状で定められた者を名宛人（なあてにん）とし、輸出者の取引銀行を受取人とする為替手形を作成します。また、信用状で要求されている船積書類を取り揃えます。

　これらに**「信用状付荷為替手形買取依頼書（にがわせてがた）」**と、事前に入手した信用状の原本を添えて銀行に提出し、荷為替手形の買取りという形で、輸出者は**船積みとほぼ同時に代金を回収することができます。**

　手形を買い取ることで代金を立替え払いした買取銀行は、信用状発行銀行に荷為替手形の買取りを依頼します。

船積書類

　船積書類にはインボイス（商業送り状）、船荷証券（B/L（ビーエル）など）、保険証券等があります。これらの書類の内容が信用状の条件と合致していなければ銀行に手形を買い取ってもらえません。取り揃えた書類と信用状の条件に間違いがないか、よく注意しましょう。

One Point Advice
船積書類の種類と用途

● インボイス…輸出者が作成する出荷案内書で、明細書や請求書としての役割を持つ書類。
● 船荷証券…貨物が運送人に引き渡されるか、船積みされたときに、船会社や航空会社または混載業者が発行する書類。
● 保険証券…保険契約成立の証として、保険会社が契約者に対して発行する書類。

WORD ▶ コルレス契約：日本の銀行が海外の銀行との間で為替業務の代行に関する契約を結ぶこと。

信用状決済の流れと船積書類の見方

輸出者は買取銀行に手形の買取りを依頼することで、代金を回収します。

輸出者

手形の買取り依頼

○△銀行

- 信用状の原本
- 為替手形
- 信用状条件と合致する船積書類
  （インボイス、B/L等の船荷証券、保険証券）
- 信用状付荷為替手形買取依頼書等

船荷証券(B/L)に関するチェック事項

☐ 貨物が船積みしたときに発行される船積式船荷証券(Shipped B/L)であること

☐ 受取式船荷証券(Received B/L)の場合は、船積期限内の船積証明(On Board Notation)を取得すること

☐ 指図式船荷証券(荷受人欄がto order等)の場合は、輸出者が白地裏書をすること

☐ 故障付き船荷証券(Foul B/L)ではなく、無故障船荷証券(Clean B/L)であること

☐ B/L発行日から数えて、銀行への書類呈示期限が過ぎていないこと(信用状上で特に期限が決められていない場合は、信用状統一規則によりB/L発行後21日以内とされる)

保険証券に関するチェック事項

☐ 保険業者が船積日以前に発行したもので、信用状で定められた全区間の危険に対して保険が付保されていること

☐ 船名、出港日、積み港、揚港が船荷証券と一致していること

☐ 保険条件が信用状条件と一致していること

☐ 保険金額は特に定めない限り、CIF(運賃・保険料込み条件)またはCIP(輸送費・保険料込み条件)金額に10%を加えた額とし、端数は切り上げる

☐ 新・旧保険約款は信用状で定められたほうとする

信用状決済のしくみ〈輸入〉

Point

◎輸入者が信用状の開設手続きを行い、通知銀行を経由して輸出者に信用状が渡ります。

◎輸入者が手形の決済、または引受けをすることで、船積書類が輸入者に渡ります。

作業の流れ 輸入者 ⟶ 輸出者

信用状の開設と通知

輸入者は売買契約をもとに銀行で信用状の開設（発行）依頼を行います。信用状発行銀行はコルレス契約にもとづいて、輸出地の通知銀行へ信用状が発行されたことを連絡し、輸出者へ信用状が届きます。

なお、通知方法としては以下の3つの手段があり、それぞれ手数料が異なります。どの方法を選ぶかは輸入者が信用状発行依頼書を作成するときに選択します。

①郵送
信用状は書留航空便で送付される。
②プレリミナリー・ケーブル・アドバイス方式
はじめにケーブルで信用状の簡単な内容を伝える事前通知が届き、信用状は後日郵送で送られてくる方式。プレアド方式ともいう。
③フル・ケーブル・アドバイス方式
信用状がケーブルやテレックスで届く方式で、このとき届いた信用状が信用状本体となる。上記の2つの方式より手数料は高いが、時間的には一番早い。

手形の決済と船積書類の入手

輸出地の買取銀行に手形代金の立替払いを行い、荷為替手形（にがわせてがた）を受け取った信用状発行銀行は、輸入者に対して荷為替手形の到着を伝え、手形の決済等を要求します。輸入者は手形の決済、または引受けをすることで、貨物の受け取りに必要な船積書類を入手することができます。

信用状の決済の流れ

信用状発行から貨物の引き渡しまでの流れを大きく2つに分けて確認します。

信用状の発行から船積みまで

通知銀行

❷信用状の送付

信用状発行銀行

❸信用状の送付

❶信用状の発行依頼

輸出者

B/L

輸入者

❹保険契約　❺貨物の船積み　❻船荷証券

保険会社　**船会社**

手形・船積書類の買取りから貨物の引き渡し

買取銀行

❸手形・船積書類の送付

信用状発行銀行

❷荷為替手形買取り

❹手形の呈示

❻船積書類の引き渡し

❶手形・船積書類買取依頼

銀行が代金の立替払いをする

❺手形の決済

輸出者　**輸入者**

❽貨物の引き渡し　❼船荷証券を呈示

船会社

85

ディスクレが起きてしまったら

◎信用状条件と実際の書類内容が一致しないことを「ディスクレ」といいます。
◎ディスクレが起きたら、ケーブル・ネゴかL/Gネゴで迅速な対処をすること！

作業の流れ 輸出者 ⟶ 買取銀行 ⟶ 発行銀行

ディスクレとは

信用状の条件と実際の書類の内容が一致しないことをディスクレ（Discrepancy）といいます。ディスクレが起きた場合には、輸出者は輸入者に通知して、条件変更の手続きをとってもらわなければなりません。しかし、それでは手形の買取りに間に合わなかったり、やむを得ない理由でディスクレがある状態で手形を銀行に買い取って欲しい場合には、以下の対処法があります。

対処法

①ケーブル・ネゴ

輸出者が買取銀行に依頼して、発行銀行に電信（ケーブル）でディスクレの内容を伝え、手形の買取り可否を確認してもらう方法。発行銀行は輸入者の同意を確認するため、かなりの日数を要することになり、**その間は輸出者が資金を負担**しなくてはなりません。

②L/G（Letter of Guarantee＝保証状）付き買取り

輸出者がL/Gと呼ばれる保証状を銀行に差し入れて、ディスクレがある状態のままで買取りを依頼する方法で、L/Gネゴといいます。L/Gとは、もしも発行銀行がディスクレを理由に手形の買取りを拒否した場合、輸出者はいったん銀行に買い取ってもらった手形を、異議なく買い戻すという念書のことです。買取銀行がL/Gネゴを断ることも可能で、**輸出者側に代金回収のリスクが発生**します。

上記いずれの方法を取ったとしても、信用状取引のメリットである資金負担の回避や代金回収リスクの回避を放棄したのと同じことになるため、ディスクレが発生しないように細心の注意を払うことが大切です。

ディスクレ書類の不一致の対処法

ディスクレが起こったときはケーブルネゴかL/G付き買取りのどちらかの方法で手形買取り手続きを行います。

① ケーブル・ネゴ

！ディスクレ

輸出者

❶ ケーブル・ネゴ依頼　　**❷ ケーブルで確認**

| 買取銀行 | | 発行銀行 |

❻ 手形の買取り（立替払い）　　**❺ 同意**

❸ 確認　**❹ 同意**

輸入者

> **×デメリット× 日数がかかる**
> ➡ **輸出者に資金負担のリスクが発生**

② L/G（保証状）付き買取り

！ディスクレ

輸出者

❶ L/Gを差し入れて手形の買取依頼　　**❸ L/G付き買取依頼**

| 買取銀行 | | 発行銀行 |

❷ 手形の買取り（立替払い）

> **×デメリット× ❸で買取りを拒絶されることもある。**
> その場合、輸出者は手形を買い戻さなければならない
> ➡ **輸出者に代金回収のリスクが発生**

外国為替とは

◎並為替では資金の指図移動と資金の流れが輸入者から輸出者に向けて行われます。

◎逆為替では資金の移動指図は輸出者が行い、資金の流れは輸入者から輸出者に向けて移動します。

作業の流れ　銀行 ⟷ 銀行

外国為替の特徴

　外国為替とは、国際間の債権や債務の決済（たとえば輸出代金の受領、輸入代金の支払い等）を、現金を直接輸送することなく金融機関等を通して行う方法または手段のことです。

　国内為替の場合、最も一般的なものは「振込み」です。これは、振込依頼人が銀行に持ち込んだ現金はそのまま銀行にとどまり、銀行間でコンピューターによって処理がなされるものです。

　このやりとりを国際間の送金に置き換えたものが外国為替です。異なる国の間で資金の精算を行うため、以下の3つの点で国内為替とは大きく異なります。

a. 通貨が異なる（為替相場の影響を受ける）

b. 日銀に該当する中央銀行がない（コルレス契約（本冊P51参照）を締結する）

c. 荷為替手形を使った代金決済

並為替と逆為替

　外国為替による資金の流れは、大きく分けて「並為替」と「逆為替」に分けることができます。 並為替とは、資金の移動指図と実際の資金の流れが同じことで、たとえば送金による決済方法です。資金の移動指図も資金の流れも、輸入者から輸出者に向けて行われます。

　逆為替とは、資金の移動指図と実際の資金の流れが逆になった状態のことで、たとえば荷為替手形による決済方法です。資金の移動指図は輸出者によって行われますが、実際の資金の流れは、輸入者から輸出者に移動することになるのです。

外国為替のおもな決済方法

【並為替(外国為替決済)】
輸入者が輸出者に送金する

銀行為替

銀行間での送金取引

送金方法

受取方法

電信送金
(T/T)

電信扱いで銀行間の送金を行
う。3種類の送金方法の中で
一番早い

普通送金
(郵便付替)(M/T)

仕向け銀行から支払銀行への
支払指示が郵便により行われ
る方法

送金小切手
(D/D)

送金人(輸入者)が銀行から送
金小切手を受け取り、受取人
(輸出者)に送付する方法

| 通知 払い |
| 口座 払い |
| 請求 払い |

【逆為替(為替手形決済)】
輸出者が輸入者からお金を取り立てる

L/C
(信用状)付き

L/C

L/C
(信用状)なし

❶ ※ **D/P 手形決済**

❷ ※※ **D/A 手形決済**

| 買取 扱い |
| 取立 扱い | (原則) |
| 買取 扱い |

信用状なしの場合の決済方法

※ **D/P 手形決済**

D/P とは Documents against Payment(手形支
払書類渡し決済)の略。支払人が手形の支払いを行
うと、船積書類を引き渡す条件による決済のこと。

※※ **D/A 手形決済**

D/A とは Documents against Acceptance(手形
引受書類渡し決済)の略。支払人が期限付き手形を引き
受けると、船積書類を引き渡す条件による決済のこと。

外国為替相場のしくみ

◎外貨建取引で円安になると、輸出者は有利に、輸入者は不利になります。一方、円高になると輸出者は不利に、輸入者は有利になります。
◎外国為替相場の影響を軽減するため、為替先物取引が行われます。

作業の流れ 輸入者、輸出者 ⟷ 銀行

外国為替相場とは

外国為替相場とは、異なる通貨間の交換比率のことです。**交換比率とは、たとえば1US$を日本円に交換しようとしたときに、いくら払えば交換できるのかということ**で、100円のときもあれば110円のときもあります。なぜなら外国為替相場は、外国為替市場におけるその通貨の需要と供給の関係で常に変動しているからです。

たとえば1US$が100円の場合は、ドルに対する円の価値が上がった状態なので「円高」といいます。逆に1US$が110円の場合は、ドルに対する円の価値が下がった状態なので「円安」といいます。

外国為替市場と対顧客相場のしくみ

外国為替市場とは銀行や為替ブローカーが参加する、コンピューターや電話回線でつながれたネットワーク（インターバンク）のことです。そこで行われる取引をインターバンク取引と呼び、インターバンク取引で出る変動相場のことをインターバンクレートと呼びます。

毎朝のインターバンクレートを参考に、各銀行が手数料等を加えて午前10時頃に決定するのが対顧客相場で、私たちが銀行と外貨の売買をするときに該当する相場です。この対顧客相場には、銀行から見て外貨を顧客に売る「売相場」と、顧客から外貨を買う「買相場」があります。

海外通貨で取引価格が表示される外貨建ての取引で円安になると、外貨を円に換算した額が増えた分、代金を受領する輸出者は有利になり、代金を支払う輸入者は不利になります。円高の場合はその逆です。そこで、輸出入者は外国為替相場の影響を軽減するため、為替先物予約*をして将来の相場を確定します。

WORD ▶ 為替先物予約：為替レートの激しい変動が予測される場合、将来の一定期間の為替レートを現時点で決めること。

外国為替市場と相場のしくみ

インターバンクレートを参考にした対顧客相場には、売相場と買相場があります。

【対顧客相場が決まるまで】

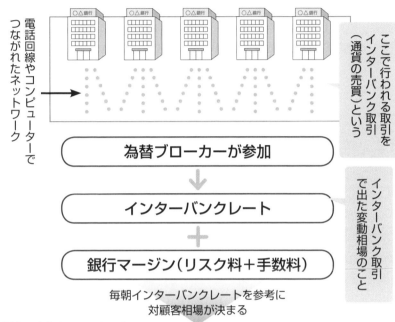

電話回線やコンピューターでつながれたネットワーク

ここで行われる取引をインターバンク取引（通貨の売買）という

為替ブローカーが参加

↓

インターバンクレート

＋

銀行マージン（リスク料＋手数料）

インターバンク取引で出た変動相場のこと

毎朝インターバンクレートを参考に
対顧客相場が決まる

【対顧客相場のしくみ】

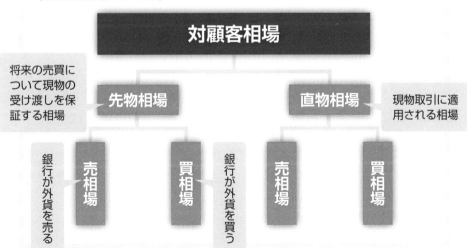

対顧客相場

将来の売買について現物の受け渡しを保証する相場

先物相場

直物相場

現物取引に適用される相場

銀行が外貨を売る

売相場

買相場

銀行が外貨を買う

売相場

買相場

2020年版インコタームズの11条件

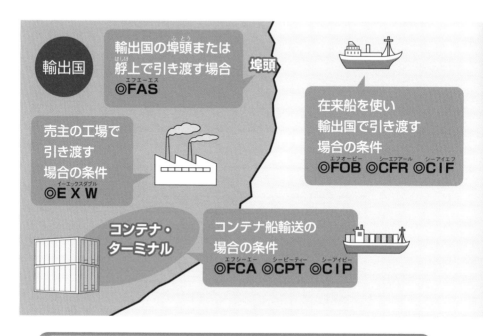

輸出国

輸出国の埠頭または解上(はしじょう)で引き渡す場合
◎FAS（エフエーエス）

埠頭

売主の工場で引き渡す場合の条件
◎EXW（イーエックスダブル）

在来船を使い輸出国で引き渡す場合の条件
◎FOB（エフオービー） ◎CFR（シーエフアール） ◎CIF（シーアイエフ）

コンテナ・ターミナル

コンテナ船輸送の場合の条件
◎FCA（エフシーエー） ◎CPT（シービーティー） ◎CIP（シーアイピー）

インコタームズとは

　貿易では、国ごとに商習慣が異なるため、思わぬトラブルが起こりがちですが、インコタームズで取り決めをすることでトラブルを回避できるのです。

　インコタームズの正式名称は「貿易条件の解釈に関する国際規則」といいます。国際商業会議所(ICC)で1936年に制定され、その後53年、67年、76年、80年、90年、2000年、そして2010年、さらに2020年に改訂され、現在は、2020年版が最新のものとなっています。ここでは2010年版と2020年版の違い、そして現在使用されている2020年版について見ていきます（別冊のP6～19で2000年版及び2010年版についても説明しているので参照してください）。

インコタームズとは、輸出者と輸入者の間で定められた取引条件のことです。運賃、引き渡し場所、危険負担などの責任範囲を明確にすることを目的とします。

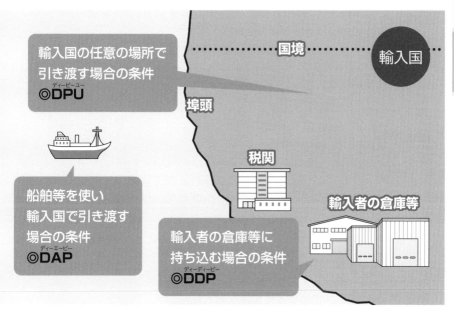

輸入国の任意の場所で引き渡す場合の条件
◎DPU
ディービーユー

国境

輸入国

埠頭

船舶等を使い輸入国で引き渡す場合の条件
◎DAP
ディーエービー

税関

輸入者の倉庫等

輸入者の倉庫等に持ち込む場合の条件
◎DDP
ディーディーピー

グループごとの特徴

◎**E類型**…出荷場所で引き渡す条件

■EXW：工場渡し条件

◎**F類型**…主要輸送費買主負担条件

■FCA：運送人渡し条件　■FAS：船側渡し条件　■FOB：本船渡し条件

◎**C類型**…主要輸送費が含まれる条件

■CFR：運賃込み条件　　■CIF：運賃・保険料込み条件

■CPT：輸送費込み条件　■CIP：輸送費・保険料込み条件

◎**D類型**…輸入国側で引き渡す条件

■DAP：仕向地持込み渡し条件

■DPU：荷卸込持込み渡し条件

■DDP：関税込み持込み渡し条件

数量条件

◎輸送中に欠減することもあります。商品の数量は船積時の数量か陸揚時の数量かを明確に!

◎数量どおりの受け渡しが困難なら許容条件をつけます。

作業の流れ 輸入者 ⟵⟶ 輸出者

数量単位

取引に用いる数量や重量は、その商品が国際取引で通常使われている単位で表さなければなりません。おもな単位の表し方を理解し、**個数による単位なのか、重量・容積・長さ・包装等による単位なのか、間違いのないようにしましょう**。また、同じ単位でも国によって重さが異なるものがあります。売り手と買い手が共通の単位を使うように、契約時に確認をし、後でクレームが起こらないようにしましょう。

数量決定時点

輸送に時間がかかる海上輸送の場合等には、しばしば輸送途上で商品量が欠減することがあります。たとえばアルコール類等は、時間が経つと蒸発したり、樽に染み込んでしまうことが考えられます。また、石灰や穀物は、こすれて粉状になり、数量が変わってしまうことが考えられます。このため、契約の数量が船積時の数量か、陸揚時の数量か明確にしておく必要があります。

①船積数量条件(Shipped Weight Terms)
②陸揚数量条件(Landed Weight Terms)

数量過不足容認条件

商品の特性から契約数量どおりの受け渡しが困難な場合には、数量過不足容認条件として、たとえば5% more or less at the Seller's (Buyer's) option(5%以内の過不足は、売り手または買い手の任意)と契約条項に付け加えます。

数量単位の表し方

貿易取引でよく使われる数量単位をまとめましたので、参考にしてください。

重量(Weight)を表すもの

- metric ton=kilo ton
  =M/T=1,000kg
- kilogram=kg
- pound
  =lb=約453.6グラム

包装単位(Package)を表すもの

- bag=袋
- drum=ドラム缶
- case=箱
- carton=カートン、大箱
- bale=梱、俵

容積(Measurement)を表すもの

- cubic meter=C/M
  =㎥=立方メートル
- cubic feet=cft
- barrel=バレル、樽

長さ(Length)を表すもの

- meter=m
- feet=ft=30.48cm
- yard
  =yd=3ft=91.44cm

個数を表すもの

- piece=pc=個
- each=ea=それぞれ
- dozen=dz=12個
- gross=12ダース(144個)
- pair=2つ1組
- set=ひとまとまり

面積(Square)を表すもの

- square feet=sq.ft.、sft
  =平方フィート
- square meter=S/M
  =sqm=㎡=平方メートル

❗ One Point Advice
重量トンと容積トン

重量トンには以下の種類があり、同じ単位でも重さが異なるので注意が必要です。
①メートルトン=仏トン(Metric ton=2,204.6ポンド=1,000kg)
②重トン=英トン(Long ton=2,240ポンド=1,016kg)
③軽トン=米トン(Short ton=2,000ポンド=907kg)
容積トンは1 M/T=1㎥で計算する場合と、1 M/T=40立方フィート(1.133㎥)
で計算する場合があります。

2020年版インコタームズとは

◎インコタームズとは貿易条件の解釈基準のこと。
◎インコタームズはE、F、C、D型の4つに分類されます。

作業の流れ 輸出者 ⟷ 輸入者

インコタームズの意義

インコタームズとはInternational Commercial Termsの略称で、国際商業会議所(ICC)が制定した取引条件(Trade Terms)の解釈基準です。インコタームズは、売主(輸出者)と買主(輸入者)間での①**費用負担の範囲**と、②**危険負担の範囲**(貨物の受け渡し時点)を、アルファベット3文字で記号化して表しており、2020年版は2010年版と同様にE、F、C、Dの4類型に分類され、2規則11条件あります。

費用負担とは具体的に、輸出地でのコスト(商品代+梱包費+輸出地運送費+通関諸掛等)、国際間輸送運賃(Freight)、保険料(Insurance)、輸入地での通関諸掛・運送費等の費用を示しています。原則として費用負担に合わせて危険負担も移動しますが、C類型では費用負担の範囲と危険負担の範囲が異なります。危険負担とは、貨物に事故が起きた場合、その金銭的損害を誰が負担するのかをはっきりさせるということです。

E類型 …売主の指定施設(工場、倉庫等)での引き渡し条件
F類型 …輸出地で船側、本船※、または買主の指定した運送人への引き渡し条件
C類型 …売主が輸入地までの運賃や保険料を負担するが、危険負担は輸出地で移転する条件
D類型 …売主が目的地までの費用と危険を負担する条件

インコタームズは2020年版に改訂された2規則11条件に定型化したものが最新版となり、売手、買手それぞれの①費用負担の範囲、②貨物の危険負担の範囲を明確にしています(ただし、所有権の移転については定めていない)。

2規則とは、(1)いかなる単数または複数の輸送手段にも適した規則と、(2)海上及び内陸水路輸送のための規則です。何年版のインコタームズを使うかは取引当事者間の自由なので、契約書上に明示するようにしましょう。

WORD ▶ **本船**：貨物の輸送の際、外国貿易のため日本と外国を往来する船舶のこと。

2020年版インコタームズ

条件の名称、特徴、使用される輸送方法を一覧でまとめました。船は在来船による輸送、海はコンテナ船による輸送を意味します。

（1）いかなる単数または複数の輸送手段にも適した規則

類型	条件	英語での呼称	日本語での呼称	輸送手段
E	①EXW	Ex Works	工場渡し条件 （指定引渡地）	海・空・陸
F	②FCA	Free Carrier	運送人渡し条件 （指定引渡地）	海・空・陸
C	③CPT	Carriage Paid To	輸送費込み条件 （指定仕向地）	海・空・陸
	④CIP	Carriage and Insurance Paid To	輸送費・保険料込み条件 （指定仕向地）	海・空・陸
D	⑤DAP	Delivered At Place	仕向地持込み渡し条件 （指定仕向地）	海・空・陸
	⑥DPU	Delivered At Place Unloaded	荷卸込持込み渡し条件 （指定仕向地）	海・空・陸
	⑦DDP	Delivered Duty Paid	関税込み持込み渡し条件 （指定仕向地）	海・空・陸

（2）海上及び内陸水路輸送のための規則

類型	条件	英語での呼称	日本語での呼称	輸送手段
F	⑧FAS	Free Alongside Ship	船側渡し条件 （指定船積港）	船
	⑨FOB	Free On Board	本船渡し条件 （指定船積港）	船
C	⑩CFR	Cost and Freight	運賃込み条件 （指定仕向港）	船
	⑪CIF	Cost, Insurance and Freight	運賃・保険料込み条件 （指定仕向港）	船

※ **E**類型：出荷条件、**F**類型：主要運送費買主負担条件、**C**類型：主要運送費込み条件、**D**類型：到着条件

インコタームズ2010年版と2020年版の異同①

Point ◎2020年版では、2010年版の2規則11条件の枠組みは維持されました。

作業の流れ 輸出者 ⟵⟶ 輸入者

　右の表は、2010年版インコタームズと2020年版の2規則11条件を比較したものです。違いはD類型のみです。

2規則11条件

　2010年版及び2020年版は輸送手段により11条件を次の2つの規則に分けています。

(1)いかなる単数または複数の輸送手段にも適した規則(規則Ⅰ)

EXW、FCA、CPT、CIP、DAP、DPU、DDPの7条件が該当し、船のみ、航空機のみ、車両のみ、あるいは船と車両等のような複合輸送も対象としている。

(2)海上及び内陸水路のための規則(規則Ⅱ)

FAS、FOB、CFR、CIFの4条件が該当し、輸送手段を船舶に限定した規則となっている。

FOB、CFR、CIF条件における危険負担の分岐点

　危険負担について、2010年版で「本船の船上に置かれた時または引き渡された貨物を調達した時」に変更され、2020年版も同様となりました。

付保条件の明確化

　CIFやCIP条件での売主(輸出者)の付保義務について、「協会貨物約款(ロンドン保険業者協会)または同種の約款の最小担保」(2000年版)だったものが、「協会貨物約款の(C)条件相当」(2010年版)と明確化されました(貨物海上保険については本冊P122を参照)。

　2020年版ではさらに、CIPについて、付保義務の範囲を「協会貨物約款の(A)条件の水準を満たす」保険保障を取得しなければならなくなりました。

　CIFについては2010年版の付保義務が維持されました。

インコタームズ2010年版と2020年版の比較

インコタームズ2010年版と2020年版を一覧にまとめました。

		インコタームズ2010年版			インコタームズ2020年版	
E類型	EXW	Ex Works 「工場渡し条件」	EXW	Ex Works 「工場渡し条件」	規則Ⅰ
F類型	FCA	Free Carrier 「運送人渡し条件」	FCA	Free Carrier 「運送人渡し条件」	
	FAS	Free Alongside Ship 「船側渡し条件」	FAS	Free Alongside Ship 「船側渡し条件」	規則Ⅱ
	FOB	Free On Board 「本船渡し条件」	FOB	Free On Board 「本船渡し条件」	
C類型	CFR	Cost and Freight 「運賃込み条件」	CFR	Cost and Freight 「運賃込み条件」	
	CIF	Cost, Insurance and Freight 「運賃・ 保険料込み条件」	CIF	Cost, Insurance and Freight 「運賃・ 保険料込み条件」	
	CPT	Carriage Paid To 「輸送費込み条件」	CPT	Carriage Paid To 「輸送費込み条件」	規則Ⅰ
	CIP	Carriage and Insurance Paid To 「輸送費・ 保険料込み条件」	CIP	Carriage and Insurance Paid To 「輸送費・ 保険料込み条件」	
D類型	DAT	Delivered At Terminal 「ターミナル持込み渡し条件」	DAP	Delivered At Place 「仕向地持込み渡し条件」	
	DAP	Delivered At Place 「仕向地持込み渡し条件」	新DPU	Delivered at Place Unloaded 「荷卸込持込み渡し条件」	
	DDP	Delivered Duty Paid 「関税込み持込み渡し条件」	DDP	Delivered Duty Paid 「関税込み持込み渡し条件」	

新は、2020年版からの新しいインコタームズ条件

規則Ⅰ：いかなる単数または複数の輸送手段にも適した規則

規則Ⅱ：海上及び内陸水路輸送のための規則

インコタームズ2010年版と2020年版の異同②

◎D類型が変更されました。
◎2020年版のD類型はDAP、DPU、DDPの3つです。

作業の流れ 　輸出者 ⟷ 輸入者

DATからDPUへの変更

　2010年版と2020年版のインコタームズの2規則11条件では、条件の数に変更はありませんが、D類型の中身に変更があります。2010年版ではDAT、DAP、DDPという3つの条件がありましたが、2020年版でDAP、DPU、DDPの3条件に変わりました。これはDAT（Delivered At Terminal）がDPU（Delivered at Place Unloaded）に吸収されたことによります。

　DAPとDPUの違いは、引渡しのタイミングです。DATは貨物の引渡し場所を「ターミナル」としていますが、DPUの引渡しは任意の場所で行われます。DAPは「到着した運送手段の上で、買主の処分に委ねられたとき」が引渡されたとされ、DPUは「到着した運送手段から荷卸しされた状態」で貨物が引渡されとされます。荷卸し前に引渡しがなされることから、条件の並び順はDPUより先にDAPがきます。

積込済みの付記のある船荷証券とFCA条件

　FCA条件の下での貨物の引渡しは、貨物の本船船積み前に完了していることから、売主が運送人から積込済みの付記のある船荷証券を必ず取得できるかは定かではありません。

　そのため、「買主は、運送人に物品の本船積込み後に積込済みの付記のある船荷証券を発行するように指示し、売主は買主の指示に応じて積込済みの付記のある船荷証券を発行する義務を負う」（2020年版）と追加規定されました。

FCA、DAP、DPU、DDPの各規則における運送の手配

　「貨物が売主から買主に運送される場合、当該貨物は第三者である運送人によること」（2010年版）だったものが、「第三者と運送契約を締結することを含めて、必要な運送を手配すればよい」（2020年版）と明記されるようになりました。自己の運送手段を用いることが想定された規定です。

貨物の引渡し及び調達

　EXW以外の条件で、「それぞれの条件に従って貨物を引き渡すこと、貨物を調達すること」（2020年版）と言及しています。

DAPとDPUの引渡しのタイミング

DPUよりDAPの方が引渡しのタイミングが前にきます。引渡しのタイミングは、危険負担の移転のタイミングでもありますので、とても重要です。

DAP

売主側

買主側
荷卸しは買主側
が行う

DPU

売主側
荷卸しは売主側
が行う

買主側

2020年版インコタームズ①

◎2020年版インコタームズの2分類のうちの1つは「いかなる単数または複数の輸送手段にも適した規制」であり、E型、D型及びF型、C型の一部に対応します。

作業の流れ　輸出者 ⟷ 輸入者

いかなる単数または複数の輸送手段にも適した規則①

2020年版インコタームズにおいて定められている2つの規則（規則Ⅰ・規則Ⅱ）のうち、ここでは「規則Ⅰ：いかなる単数または複数の輸送手段にも適した規則」について見ていきます（規則Ⅱは本冊P104参照）。E型、F型及びC型において、同規則に分類されるのは以下の通りです。

①EXW（工場渡し条件）
売主の工場や倉庫で貨物を引き渡す条件で、引き渡した時点で費用負担も危険負担もともに売主から買主に移転する。したがって、輸出費や保険料、輸出通関手続きは買主が行うことになる。
②FCA（運送人渡し条件）
コンテナ船による貨物を輸出地における指定場所で買主の指定した運送人に引き渡し、このとき危険負担及び費用負担が買主に移転する。指定場所が売主の施設の場合は、買主によって指名された運送人の輸送手段に積み込まれたとき、または運送人の処分にゆだねられたときに移転し、輸出通関の義務は売主にある。
③CPT（輸送費込み条件）
FCAと同様、コンテナ船等の場合に使われ、貨物の危険負担は、輸出地において売主によって指名された運送人に引き渡された時点で買主に移転する。費用負担は、輸入地までの輸送費を含み売主が負担する。
④CIP（輸送費・保険料込み条件）
コンテナ船の場合に使われ、危険負担はCPTと同様。費用負担については、輸入地までの輸送費及び保険料を含み売主が負担する。

インコタームズの条件の危険負担移転時点

どの段階で売主から買主に危険負担が移るのか確認しましょう。

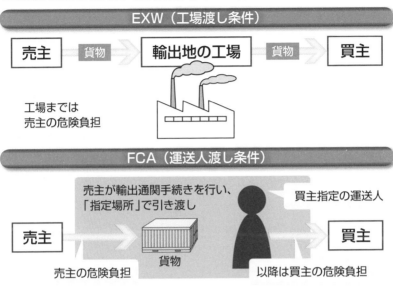

EXW（工場渡し条件）

売主 — 貨物 → 輸出地の工場 — 貨物 → 買主

工場までは
売主の危険負担

FCA（運送人渡し条件）

売主が輸出通関手続きを行い、
「指定場所」で引き渡し

買主指定の運送人

売主 → 貨物 買主

売主の危険負担　　　　　　　　　　以降は買主の危険負担

CPT（輸送費込み条件）

輸入地のコンテナ・ヤードに引き渡す
までの運送関連費用を売主が負担

売主 → 運送ターミナル → 輸出船 → 運送ターミナル → 買主

輸出地で運送人に
引き渡すまでは売
主の危険負担

CIP（輸送費・保険料込み条件）

輸入地のコンテナ・ヤードに引き渡すまでの
運送関連費用及び海上保険料を売主が負担

売主 → 運送ターミナル → 輸出船 → 運送ターミナル → 買主

輸出地で運送人に
引き渡すまでは売
主の危険負担

2020年版インコタームズ②

◎「海上及び内陸水路輸送のための規則」には、F型、C型の一部が対応します。

作業の流れ 輸出者 ⟷ 輸入者

海上及び内陸水路輸送のための規則

ここでは、2020年版の2つの規則のうちの「規則Ⅱ：海上及び内陸水路輸送のための規則」について見ていきましょう。こちらにはF型とC型があります。

⑤FAS（船側渡し条件）

在来船に用いられる条件で、指定された船積港において、貨物が埠頭上または艀に積み込まれて本船の船側に置かれたときに、貨物の危険負担及び費用負担が、売主から買主に移転する。これは一般的な条件ではなく、木材などの特別な貨物の場合に適用される。

⑥FOB（本船渡し条件）

貿易取引では多く使われる条件。貨物が輸出港に停泊中の、買主によって指定された本船の船上に置かれたとき、または引き渡された貨物を調達したときに、貨物の危険負担及び費用負担が売主から買主に移転する。この「調達」とは、商取引における輸送中の転売（いわゆる洋上転売、連続売買）のことをいう。輸出通関は売主、運賃は買主負担となる。

⑦CFR（運賃込み条件）

貨物の危険負担の移転は⑥FOBと同様であるが、費用負担については、売主が輸入地に到着するまでの運賃のみを負担するというもので、海上保険料は負担しない。海上保険を付保する場合は買主が負担する。また、CFRは在来船のみに使用され、コンテナ船や航空機の場合にはCPTを使用する。

⑧CIF（運賃・保険料込み条件）

FOBと並んで、貿易取引に多く使われる条件である。在来船のみに使用され、危険負担の移転はCFRと同様である。輸入港までの運賃及び保険料を売主が負担する。コンテナ船や航空機の場合には、CIPが使用される。

インコタームズの各条件について

危険負担の条件が同じインコタームズを並べました。その他の条件もあわせて
比較してみましょう。

FOB、CFR、CIF条件の比較表

	FOB （本船渡し） Free on Board	**CFR** （運賃込み） Cost and Freight	**CIF** （運賃・保険料込み） Cost Insurance and Freight
条件の表示 方法（例示）	FOB 輸出港名	CFR 輸入港名	CIF 輸入港名
	FOB Yokohama	CFR Hong Kong	CIF Los Angeles
輸送費負担	輸入者負担	輸出者負担	
保険料負担	輸入者負担		輸出者負担
危険負担	輸出地の港での船上に貨物を積み込んだ時点（本船の船上に置かれた時）、または、引き渡された貨物を「調達」したときに輸入者へ移転		
書類上の 運賃表示方法	FREIGHT COLLECT （運賃着払い）	FREIGHT PREPAID （運賃前払い）	
運送書類	転出地側で発行		
保険証券	輸入地側で発行	輸出地側で発行	

FCA、CPT、CIP条件の比較表

	FCA （運送人渡し） Free Carrier	**CPT** （輸送費込み） Carriage Paid To	**CIP** （輸送費・保険料込み） Carriage and Insurance Paid To
条件の表示 方法（例示）	FCA 輸出港名	CPT 輸入港名	CIP 輸入港名
	FCA Tokyo	CPT New York	CIP London
輸送費負担	輸入者負担	輸出者負担	
保険料負担	輸入者負担		輸出者負担
危険負担	指定場所で、FCAの場合は買主によって指名された運送人、CPT、CIPの場合は売主によって指名された運送人に貨物を引き渡した時点で、貨物の危険負担が売主から買主へ移転		
書類上の 運賃表示方法	FREIGHT COLLECT （運賃着払い）	FREIGHT PREPAID （運賃前払い）	
運送書類	転出地側で発行		
保険証券	輸入地側で発行	輸出地側で発行	

2020年版インコタームズ③

Point ◎インコタームズD類型は2010年版と2020年版とで若干内容が異なるので、違いに注意しましょう。

作業の流れ) 輸出者 ⟷ 輸入者

いかなる単数または複数の輸送手段にも適した規則②

ここでは引き続き、「規則Ⅰ：いかなる単数または複数の輸送手段にも適した規則」のD型について見てみましょう。

⑨DAP（仕向地持込み渡し条件）

指定仕向地において、荷卸しの準備ができている状態（荷卸しがされていない状態）のまま、指定地に到着した輸送手段の上で貨物が引き渡されたとき、貨物の危険負担と費用負担が売主から買主に移転する。指定仕向地までの輸送費は売主が負担し、荷卸し作業及び輸入通関や輸入税の納付は買主負担となる。

⑩DPU（荷卸込持込み渡し条件）

指定仕向地において、到着した運送手段から荷卸しされ、貨物が買主に引き渡されたとき、貨物の危険負担と費用負担が売主から買主に移転する。運送手段からの貨物の荷卸費用は売主が負担し、輸入通関や輸入税の納付は買主負担となる。

⑪DDP（関税込み持込み渡し条件）

売主が指定仕向国における輸入通関と輸入税の納付を済ませ、輸入地の指定場所（コンテナ・ターミナル、倉庫、工場、事務所等）まで荷物を持ち込み、到着したその輸送手段の上で貨物を買主に引き渡す。売主はその指定場所までの輸送に伴う一切の費用と危険を負担する。荷卸し作業は買主が行う。

	荷卸し作業	輸入通関業務
DAP（仕向地持込渡）	買主	買主
DPU（荷卸込持込渡）	売主	買主
DDP（関税込持込渡）	買主	売主

インコタームズD類型の各条件について

DAP（仕向地持込み渡し条件）

売主　　貨物　　貨物　　工場　　輸入港　　買主

本船　　国境

指定地に到着した輸送手段の上で
引き渡したら買主が危険負担

DPU（荷卸込持込み渡し条件）

売主　　輸入地の指定場所　　買主

指定仕向地での
荷卸費用を売主が負担

輸入地の指定場所で貨物が
買主に引き渡されたときに
危険負担は買主に移転

DDP（関税込み持込み渡し条件）

売主　　輸入地の指定場所　　買主

輸入地の指定場所に
持ち込んだら
危険負担は買主に移転

関税と通関（輸入の場合）

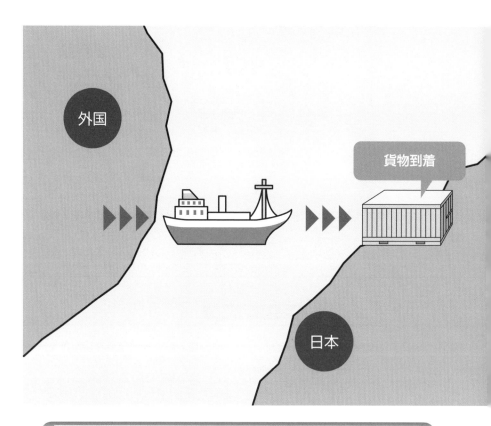

関税とは?

　商品を輸入する際には、関税など税金が課せられます。輸入者は商品に応じて課せられる、関税等を納付する必要があります。

　関税率は一般税率と簡易税率に分けられます。

一般税率 … ●国定税率　●協定税率　●EPA/FTAにおける税率

簡易税率 … ●少額貨物にかかる税率　●携帯品、別送品にかかる税率

海外から輸入した貨物が日本に到着してから、市場に出回るまでには、納税申告や審査等の手続きが行われます。

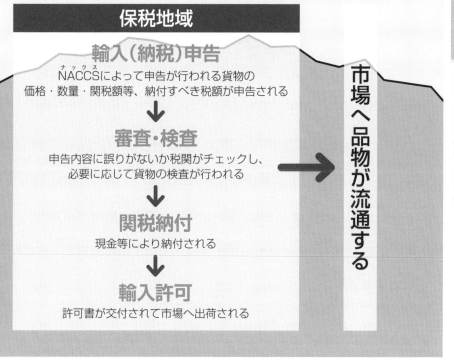

保税地域

輸入（納税）申告
NACCSによって申告が行われる貨物の
価格・数量・関税額等、納付すべき税額が申告される

審査・検査
申告内容に誤りがないか税関がチェックし、
必要に応じて貨物の検査が行われる

関税納付
現金等により納付される

輸入許可
許可書が交付されて市場へ出荷される

市場へ品物が流通する

輸入した貨物の手続きは?

　輸入した貨物は、通常、保税地域に運び込まれ、輸入申告と納税申告が同時に行われます。納税申告は、通関情報処理システムのNACCSを使って行われます。

　ただし、法令遵守やセキュリティ管理がきちんと行われている企業に対しては、申請により**特例輸入者制度が認められます**。

　この制度を利用するには、税関長から特例輸入者の承認を受けなくてはなりません。

関税率の種類

Point

◎わが国に輸入される貨物には関税が課せられます。この関税率のうち一般税率には、国定税率と協定税率があります。
◎少額貨物や携帯品、別送品には簡易税率がかけられます。

作業の流れ 輸入者 ⟶ 税関

関税率とは

海外から輸入された貨物には関税が課税され、納税しなければ輸入は許可されません。関税は、国内産業の保護と財政収入を目的として課せられており、日本の経済状況や外国との経済協力体制等で、必要に応じて変更されています。輸入品に課せられる関税は、課税標準に関税率をかけて決定されます。関税率は9桁の統計品目番号ごとに設定されており、「実行関税率表」で調べることができます。関税率とは課税される割合で、次にあげるようにいくつかの種類があります。

さまざまな関税率

少額貨物や携帯品、別送品※以外の貨物に使われる税率を**一般税率**といい、一般税率は国定税率と協定税率に分かれています。

国定税率とは、国内法により定められた税率で、さらに**基本税率、暫定税率、特恵税率**の3つに分かれています。

協定税率は条約により定められた税率です。現在、協定税率が適用されるのは、WTO（世界貿易機関）加盟国からの輸入、または関税に関して最恵国待遇※の取り決めがある二国間条約締約国、及び政令で定められた特定国からの輸入等の場合です。

また、そのほかにEPA（Economic Partnership Agreement ＝ 経済連携協定）やFTA（Free Trade Agreement ＝ 自由貿易協定）で定められた協定税率があります。

一般税率に対して、少額貨物に対する税率や携帯品、別送品に適用される税率を、**簡易税率**といいます。

一般税率と簡易税率の特徴

【一般税率】

| 国定税率
国会で定められた税率 | — | 基本税率 |

| 協定税率
条約により定められた税率 | | 暫定税率 |

| EPA/FTAによる税率
TPP11、日米貿易協定税率等 | | 特恵税率 |

【簡易税率】

① 課税価格20万円以下の貨物に対する税率

② 携帯品・別送品に対する税率

一般税率の優先順位の考え方

①特恵税率・EPA/FTAにおける税率がある場合は原則として最優先
②暫定税率がある場合は基本税率より優先
③協定税率がある場合は国定税率より低ければ優先。国定税率より高い、もしくは同じ場合は国定税率を優先

国定税率の種類

Ⓐ基本税率…すべての輸入品目に定められている基本的な税率
Ⓑ暫定税率…一定期間に輸入される特定品目を対象とした暫定的な税率。常に基本税率に優先して適用される
Ⓒ特恵税率…定められた開発途上国（特恵受益国）からの輸入品に対して適用される税率（本冊P116 〜 117特恵関税制度参照）

関税の納期限

◎税関長に申請書を出し、担保を提供すると、関税の納期限を一定期間延長できる制度があります。

作業の流れ　輸入者 ⟶ 税関

納期限の延長制度とは

通常の場合、輸入者は、関税を納めないと、輸入許可が受けられません。しかし、税関長に納期限の延長を求める申請書を提出し、関税額に相当する担保を税関長に提供することで、納期限を一定期間延長することができる制度があります。**これを納期限の延長制度といいます。**この制度を利用した場合は、納税前に貨物を引き取ることができます。

この制度には貨物の輸入申告ごとに納期限の延長を申請する「**個別延長方式**」と、ある特定月に輸入する貨物の関税額の累計を、まとめて納期限の延長を申請する「**包括延長方式**」があります。

また、特例輸入者が「特例申告」を利用して、輸入申告と納税申告を分けて行った場合は、最大2ヵ月間納期限の延長が認められます。

個別延長方式と包括延長方式の特徴

個別延長方式では、輸入者は申請ごとに、関税納期限延長申請書とともに、担保を税関に提供します。申請が認められると、輸入許可日の翌日から3ヵ月以内の納期限の延長が認められます。

包括延長方式では、この制度を利用したい月の前月末日までに関税納期限延長申請書を提出し、担保を関税に提出します。申請が認められると、該当月の末日の翌日から3ヵ月以内の納期限の延長が認められます。たとえば輸入日が6月1日、15日、30日であれば、5月末日までに申請し、6月分をまとめて3ヵ月後の9月末日までに払えばよいことになります。

しかし、いずれの場合も納期限の延長が認められるのは、担保の範囲内での金額になります。

関税の納期限について

延長制度には以下の3種類があります。

【関税の納期限を延長する方法】

❶ 個別延長方式 （申請書 + 担保 が必要）

➡ 貨物輸入申告ごとに納期限の延長を申請することで、納税前に貨物を受け取ることができる

❷ 包括延長方式 （申請書 + 担保 が必要）

➡ 特定月に輸入する貨物の関税額を累計し、まとめて納期限の延長を申請する制度。利用したい月の前月末日までに申請書を提出する

❸ 特例申告の場合 （申請書 + 担保 が必要）

➡ 輸入申告と納税申告を分けて行い、最大2ヵ月延長が認められる制度

【6月中に包括延長制度を利用する場合】

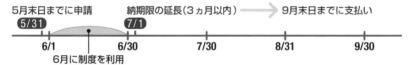

5月末日までに申請　　　納期限の延長（3ヵ月以内）　　　9月末日までに支払い

5/31　　　　　　　　　　7/1

6/1　　　6/30　　　7/30　　　8/31　　　9/30

6月に制度を利用

関税納付に対する附帯税（ペナルティ）

①延滞税*（法定納期限までに納税されない場合に課される）
②過少申告加算税（税額を過少に申告した場合に課される）
③無申告加算税（納税申告をせずに輸入した場合に課される）
④重加算税（課税標準や計算の基礎となるべき事実の一部または全部を隠したり偽装した場合に課される）

 納期限の延長制度のメリットとは？

Ⓐ 通常の輸入通関では、輸入者は輸入申告と同時に納税申告をし、関税を納付しなければ貨物を引き取ることができません。

　しかし、貨物を市場で売却し、代金を得る前に関税を支払わなければならないことは、ときに輸入者の資金繰りに大きな負担をかけることがあります。

　また、輸入申告と同時に納税申告も行うので、通関手続きに時間を取られてビジネスチャンスを逃してしまうことも考えられます。このようなことを解決するのが、「納期限の延長制度」なのです。

WORD ▶ 延滞税：国税を法定納期限までに納めなかった場合に課せられる税のこと。

課税価格決定のしくみ

Point

◎関税には貨物の価格で算出する従価税と貨物の量で算出する従量税があります。

◎従価税と従量税が併用される従価従量併用税や、いずれかを選択する従価従量選択税もあります。

作業の流れ　輸入者 ━━▶ 税関

関税の算出方法

関税は課税標準に税率をかけて算出されます。課税標準とは、関税を算出するときの基礎となるもので、輸入申告時における輸入貨物の価格、または量のことです。関税の算出には、課税標準を貨物の価格として算出する方法（従価税）と、課税標準を貨物の量として算出する方法（従量税）があります。

従価税品と従量税品

従価税が課せられるものを**従価税品**といいます。現在ほとんどのものが従価税品です。この場合、貨物の価格とはCIF価格（商品代＋保険料＋運賃）となります。

従価税品は、価格に比例して関税負担がかかるので、輸入品の価格変動に連れて関税額も変化し、インフレに対応できる等のメリットがあります。一方で価格が低くなるほど関税額も低くなり、国内産業保護という本来の目的が薄れるというデメリットもあります。

従量税が課せられるものを**従量税品**といいます。たとえば砂糖、アルコール類、競走馬、軽油、重油等があります。

従価従量併用税と従価従量選択税

バターやメントール、履物等には、従価税と従量税を同時にかける、**従価従量併用税**が適用されます。従価税と従量税のいずれか高いほう、あるいは低いほうを選択して適用する、**従価従量選択税**もあり、とうもろこし、色織物、魚油等に適用されています。

課税標準の種類

関税の算出には、課税標準に税率をかけます。課税標準には貨物の価格を基礎とするものと、貨物の量を基礎とするものがあります。

【関税を算出する方法】

 ✕ ＝

↑
輸入申告時の貨物の価格や量

❶ 貨物の価格で算出 ➡ 従価税
（輸出者の負担した保険料や運賃も含まれている）

ほとんどの貨物に
適用されている
貨物代金 ＋ 保険料 ＋運賃
＝ CIF価格

❷ 貨物の数量、重量、容積で算出 ➡ 従量税

砂糖、アルコール、重油、軽油
等に適用されている

❸ 貨物の価格と量で算出 ➡ 従価従量併用税
従価税＋従量税が同時にかかる

バター、メントール、履物等に適用されている

❹ 貨物の価格か量で算出 ➡ 従価従量選択税
従価税か重量税のいずれか高いほうまたは低いほうを
選択して適用

色織物、とうもろこし、魚油等に適用されている

関税に関する法律・制度

Point

◎減免税される貨物には条件付きのものと無条件のものの2種類があります。

◎輸出時の形状等が変わらないまま再輸入された貨物は免税となります。

作業の流れ 輸入者 ⟶ 税関

減免税と戻し税

有税品である輸入貨物が一定の条件に適合する場合、関税が減税または免税される制度及び、納付した関税が払い戻しになる制度があります。これらの減免税や戻し税は、関税定率法や関税暫定措置法等に規定されています。ところで、**減免税には、一定の要件を備えた輸入貨物に無条件に適用されるものと、条件付きで適用されるものがあります。**無条件減免税は輸入後に課される条件はありませんが、条件付きの場合は輸入後一定の用途に供されなければならないとか、再輸出しなければならないという条件を満たすことが前提となります。なお、免税になる場合でも、納税申告は必要です。

再輸入貨物に対する減免税と輸入貨物に対する戻し税

日本から輸出され、輸出時の性質や形状のままで再輸入される場合は免税となります。委託販売契約による返品等が例としてあげられます。また、特定の原材料を輸出して、それを使って加工された特定製品を輸入する場合には、減税になります。主として繊維、衣類に利用されています。

また、関税を払って輸入した貨物を、そのままの状態で再輸出する場合は、**関税が払い戻されます（戻し税）。**輸入した貨物が国内法令の改正によって、販売や使用が禁止された物を再輸出する場合にも、関税の払い戻しが適用されます。

特恵関税制度

開発途上国の原産品の税率を無税にしたり、通常より低い税率にしてその発展途上国の輸入を促進させ、経済発展に寄与しようとする制度です。

おもな減免税、戻し税制度と特恵関税制度

再輸入貨物の減免税

①輸出時と同じ状態での再輸入免税（委託販売契約による在庫品の再輸入等）

②海外で加工した製品の減税（繊維、衣類等）

輸出貨物に対する戻し税

①輸入時と同じ状態での再輸出（委託販売契約による在庫返品等）

②違約品・欠陥品などの再輸出（クレーム返品等）

特恵関税制度

政令で定められた一定の開発途上国（特恵受益国）から、その国の原産品である特定の農産物や鉱工業産品を輸入する際、特恵税率が適用され、一般の税金より低税率または無税になる制度。さらに、後開発途上国（LDC）に対しては特別特恵関税制度があり、特恵関税の適用対象となる農水産物や鉱工業産品が無税になる。これらの適用を受けるには、輸入申告の際に輸出国が発給した原産地証明書を税関に提出することが必要。

【特恵関税の適用に関する条件】

条文	関税暫定措置法施行令51条、52条等
書式	❶原産地証明書は、関税暫定措置法施行規則10条に定める様式を使用しなければならない
	❷原産地証明書は、原則として輸出の際に、当該物品の輸出者の申告にもとづき原産地の税関（税関が原産地証明書を発給することとされていない場合には、原産地証明書の発給につき権限を有するそのほかの官公署または商工会議所などで税関長が適当と認めるもの）が発給したものでなければならない
有効期間	輸入申告等の日において、その発給の日から原則として1年以上経過したものであってはならない
原産地証明書が提出不要な場合	❶税関長が物品の種類または形状によりその原産地が明らかであると認めた物品
	❷課税価格が20万円以下の物品
	❸特例申告貨物

特例輸入者制度

◎特例輸入者制度では、納税申告を後に行うことで、貨物の引き取りまでの時間を短縮できます。

作業の流れ 輸入者 ⟶ 税関

特例輸入者制度とは

通常の輸入通関では、輸入申告と関税の納税申告が同時に行われます。そして関税を納付すると輸入許可が下りるしくみとなっています。しかしこの手順だと、輸入審査を終えるまでに時間がかかることになり、輸入者は時にビジネスチャンスを逃してしまうこともあります。そこで、セキュリティ管理やコンプライアンス（法令遵守）に優れた輸入者で、**税関長から「特例輸入者」の承認を得た者は、通常の申告手続きとは異なる特例申告を行うことができます。**

特例輸入者制度のしくみ

特例輸入者制度では、貨物の輸入申告を先に行い、貨物の引き取り後、納税申告をして関税を納付する「特例申告」を利用できます。そのため、輸入許可までの時間が短縮でき、輸入者は通常の輸入通関時よりも早く貨物を引き取ることができます。**納税申告と関税の納付は「輸入許可の日の翌月末日」までに行えばよい**ことになっています。

また、輸入申告も一定の条件下で貨物が日本に到着する前に行うことができ、さらに輸入許可を受けることもできます。したがって、貨物が日本に到着する前に通関手続きを済ませることができ、より迅速な貨物の引き取りが可能となります。

特例輸入者制度を利用するには、「特例輸入者等承認・認定申請書」に必要事項を記入し、税関に提出します。そして税関長により「特例輸入者」の承認を受けます。承認を受けると全国の税関でこの制度を利用できるようになるのです。担保は税関長が命じた場合、提出しなければならないとされていますが、具体的には税関に問い合わせるとよいでしょう。

特例輸入者制度のしくみ

通常は貨物の到着後に輸入許可を行いますが、特例輸入者制度では、貨物の到着前に輸入申告ができます。

通常の輸入通関	特例輸入者制度
貨物の到着	輸入申告
保税地域に搬入	審査
輸入申告　納税申告	輸入許可
審査・検査	貨物の到着
関税納付	保税地域へ搬入
輸入許可	貨物の引き取り
保税地域から搬出　貨物の引き取り	納税申告
	納税（許可の月の翌月末まで）

※いずれかの選択が可能です。

ココに注目!

コンプライアンスとは

コンプライアンスとは、法律や規則などの基本的なルールに従って活動を行うこと。近年特に企業活動における法律違反を防ぐという観点からよく使われるようになりました。
たとえば、輸入者として関税・国税以外の法令にも違反せず、輸入業務を適正に行い、そのために法令遵守規則を制定していること。また、輸入に関する帳簿や書類の適正な記載、保管がなされていることなどがあげられます。

貿易取引に関わる保険

貿易取引で登場する保険とは

貿易取引で用いられる保険には、おもに貨物海上保険、貿易保険、PL保険の3つがあります。

輸送中に事故に遭ってしまい、貨物が破損したり、品質が変わってしまったら、その責任を輸入者または輸出者のどちらかが取らなくてはなりません。このようなときに、きちんとした取り決めがなされていないと、トラブルの原因となってしまいます。

そこで、**貿易取引では貨物に保険をかけて、万が一の事態に備えておくことが大切**なのです。

ここでは3つの保険の特徴をそれぞれ簡単に紹介します。

貨物海上保険

貿易取引にかかる貨物が船舶で輸送されている間に、不測の事故によって損害をこうむってしまった場合、その損害に対して保険金が支払われる保険。

【特徴】
- 輸出者と輸入者双方の合意があった場合に契約が成立
- どちらが保険を申込むかはインコタームズ（本冊P96）によって異なる
- 貨物の被害状況によって全損と分損のどちらかに分類される

全損　　　分損

さまざまなリスクが想定される貿易取引では、保険がとても重要。保険の内容を把握し、万一のときに備えて万全の対策を取りましょう。

貿易保険

輸出・輸入、海外投資・海外融資といった、対外取引に伴う危険にまつわる金銭的な損害をカバーする保険。

【特徴】
- 株式会社「日本貿易保険」が引き受けを行う
- 取引相手が民間企業で、経営難等により代金が回収できない場合は「信用危険」
- 取引相手国の政策の変更等により、代金が回収できない場合は「非常危険」

PL保険

輸入品を含む国内で販売される製品を対象とした「国内PL法」と、輸出される製品を対象とした「輸出PL法」があります。

- 国内PL法
  輸入者が海外から輸入した製品により、国内で起こった被害に対して損害賠償責任を負う
- 輸出PL法
  輸出者が海外に輸出した製品により、海外で起こった被害に対して損害賠償責任を負う

貨物海上保険

◎貨物海上保険の内容に未確定要素がある場合は予定保険予約を行い、確定後に確定保険契約に切り替えます。
◎予定保険には個別予定保険と包括予定保険の2種類があります。契約の内容によってどちらを選ぶか異なります。

作業の流れ　輸出者・輸入者 ⟶ 保険会社

貨物海上保険の手続き

　貨物海上保険をかけるには、保険会社の申込書に必要事項を記載し、契約する必要があります。記入事項に未確定の項目がある場合は予定保険契約とし、内容が確定した時点で、確定保険契約に切り替えます。**予定保険には、個別取引ごとに契約する個別予定保険と、一定期間中のすべての取引に包括して予定保険をかける、包括予定保険があります。**

保険契約の形式

　保険契約は、契約者の申込みを保険会社が引き受けると成立する諾成契約という形式を取っていますが、保険契約の成立と契約内容の証明として、保険証券または保険承認状が発行されます。また、これと同時に保険料請求書(Debit Note)が発行されます。

保険期間

　保険期間は、新ICC（本冊P126参照）の保険証券では「船積みされたときから、陸揚げされたときまで」としていますが、これでは実際の取引の保険としては即していません。そこで、**旧ICCによる「保険証券記載の仕出地の倉庫から、仕向地の指定倉庫まで」という条件を適用**し、全輸送区間にわたっての保険をかけます。しかし、貨物が通常の輸送過程としてではない保管のために倉庫に搬入されたときや、仕向地で陸揚げが済んでから60日を経過したとき（航空貨物の場合は30日）は、保険期間が終了します（特約による戦争危険の場合は、海上または航空機上にある間のみ。ただし、本船到着後15日間は担保が継続）。

　なお、保険求償には必要書類を用意し、必要な場合には鑑定人による損害額の査定を行い、保険会社に対して保険金の請求を行います。

貨物海上保険の金額と期間

保険金額（売買契約に定めがない場合）

通常は貨物のCIF（またはCIP）価格×110%で計算される

保険期間

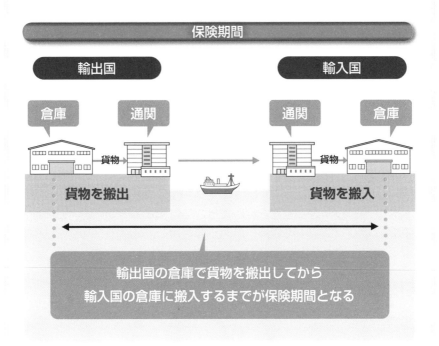

輸出国の倉庫で貨物を搬出してから
輸入国の倉庫に搬入するまでが保険期間となる

ココに注目！

保険料請求書について(Debit Note)

保険料請求書（Debit Note）は、関税や消費税等の課税価格を算出する際の証拠書類となります。たとえば、FOB条件等で保険料が含まれていない条件の場合、課税標準となるCIF価格を算出するため、税関に保険料を証明する書類となるのです。

損害の種類

◎貨物海上保険で対象となる損害には、貨物自体の損害と、費用損害があります。

作業の流れ 輸出者・輸入者 ━━▶ 保険会社

対象となる損害の種類

貨物海上保険で対象となる損害の種類には以下のものがあります。

❶ 共同海損

座礁(ざしょう)や沈没、火災等で、船と積載貨物が共同の危険にさらされたとき、一部の貨物が海中投棄等で犠牲になることがあります。その場合、**船会社と全荷主が犠牲となった貨物の費用や応急処置費用**を、定められた割合に応じて負担する場合の損害です。

❷ 単独海損

単独海損とは個々の貨物に発生した損害です。損害を受けた者が単独で負担する損害で、全損と分損があります。

全損…船の沈没、座礁、衝突、火災等海上固有の危険によって、貨物のすべての価値が失われる損害で、現実全損と推定全損に分かれます。

分損…貨物の一部が滅失したり、損傷を受けること。特定事故に起因する「特定分損」と、それ以外の「その他の分損」があります。

❸ 費用損害

救助費用、損害防止費用、鑑定費用等としてかかる費用の損害です。

❹ 付加危険

共同海損や単独海損には含まれていない危険、たとえば雨・淡水による濡れ損、盗難のような危険に追加で付保(ふほ)することがあります。このように基本条件に追加する危険のことを付加危険といいます。

損害の種類と内容

共同海損、単独海損のそれぞれの負担範囲を確認しましょう。

共同海損		● 共同海損犠牲損害 ● 共同海損費用 ● 共同海損分損額
単独海損	全損	● 現実全損 ● 推定全損
	特定分損	● 沈没、座礁、大火災による損害 ● 衝突、火災、爆発、遭難港における荷卸しに合理的に起因する損害 ● 積み込み、積み替え、荷卸し中の梱包1個ごとの全損
	その他の分損	● 特定分損以外の分損 （高潮・津波・洪水による濡れ損、潮濡れ、流出損、その他荒天による分損）
費用損害		● 損害防止費用、救助費用等
付加危険		● 不足損害、雨・淡水による濡れ損、盗難・抜荷・不着損害、破損、曲損、汚染損害等

  現実全損と推定全損との違いとは？

貨物の価値がすべて失われたとみなされる全損には、現実全損と推定全損があります。

◎現実全損…損害の認定に推定や解釈を加えることなく、ただちに全損と認定できる場合

◎推定全損…全損が確実であると考えられるがそれを証明できないときや、修理費用がかかりすぎて採算が合わないと考えられる場合

＜推定全損の例と対策＞

たとえば、貨物が一定期間行方不明になった場合や、貨物に一定の残存価値があり修理は可能だが、修理費用や修理地までの輸送費等を考慮すると、修理をしないほうが得策と考えられる場合等がこれに該当します。

推定全損の認定では、被保険者が貨物についての一切の権利を保険会社に移転し、代わりに保険金の請求権を得る「委付」という手続きを取ります。

保険約款とは

◎保険約款（やっかん）は旧ICCが利用されるのが一般的です。
◎保険条件には、分損不担保、分損担保、全危険担保の3種
　類があります。

作業の流れ　輸出者・輸入者 ⟶ 保険会社

新ICCと旧ICC

　保険約款とは、保険の補てん範囲を取り決めて示したものです。現在、日本をはじめ多くの国々で使用されている保険約款は、今から200年以上前の英国大航海時代につくられた、イギリスのロイズ保険証券をベースにして、ロンドン保険業者協会が制定した約款にもとづいています。いわゆる「**協会貨物約款**」（旧ICC=Institute Cargo Clauses）は、この保険証券の特別約款です。

　その後、約款の英文が古めかしくて難解であるという批判が出て、新たな約款をつくる動きが出てきました。このような状況を受けて、ロンドン保険業者協会では、改定を行い、**1982年1月に新約款（新ICC）を制定**したのです。

基本的な保険条件

　協会貨物約款（旧ICC）による基本的な保険条件としては、以下のものがあります。

・分損不担保（FPA = Free from Particular Average）
共同海損、費用損害、全損、分損のうちの特定分損をカバー
・分損担保（WA = With Average）
共同海損、費用損害、全損、分損をカバー
・全危険担保（A/R = All Risks）
共同海損、費用損害、全損、分損、付加危険をカバー

　このほか、A/R条件であってもカバーされない戦争危険やストライキ危険に対しては、別途保険料を払って特約としてつけることができます。てん補される損害の種類を吟味して、適した条件を選びましょう。

基本的な保険条件とてん補される損害

補てん範囲はFPA（C）→WA（B）→A/R（A）の順に広くなります。戦争やストライキ等の非常時をカバーするには、追加担保として別途手続きをする必要があります。

			分損不担保 （FPA） （C）	分損担保 （WA） （B）	全危険担保 （A/R） （A）	旧ICC 新ICC
共同海損						
単独海損	費用損害					
	全損	現実全損				
		推定全損				
	分損	特定分損				
		その他の分損				
追加担保	平常時	各種付加危険	◎	◎		
	非常時	戦争危険	◎	◎	◎	
		ストライキ危険	◎	◎	◎	

この範囲までカバー

単独海損はすべてカバー

すべてのリスクをカバー

127

貿易保険とは

◎貿易保険の引き受け先は日本貿易保険（NEXI_{ネクシ}）です。
◎貿易保険の対象となるリスクには、信用危険と非常危険の
　2種類があります。

作業の流れ　輸出者・輸入者 ⟶ 保険会社

貿易保険の意義

　貨物海上保険は、運送中・貨物保管中の損害をカバーする保険ですが、**貿易保険は、おもに貿易取引に伴う金銭的損害をカバーする保険**です。たとえば、信用状なしの荷為替手形決済では、手形は原則として取立扱いになりますが、輸出者の希望で手形を銀行に買い取って欲しい場合などは、銀行は輸出手形保険に加入して買取りに応じることがあります（ただし保険料は輸出者負担）。

契約条件

　貿易保険は、日本では独立行政法人「日本貿易保険」（NEXI）が引き受けを行っており、一部の民間企業で販売代行を行っています。貿易保険を契約するには、取引企業が日本貿易保険の公表する「海外商社名簿」に登録されている必要があり、また、信用危険をカバーする場合には、その格付が一定以上の評価でなければなりません。

対象となるリスク

　貿易保険の対象となるリスクは、契約当事者の責任の有無により、信用危険と非常危険に分けられます。**契約当事者の事由によって起こるリスクを信用危険、不可抗力的な事由で起こるリスクを非常危険**といいます。

対象となるリスクと貿易保険の種類

信用危険（当事者の責任による事由）

【相手方が民間企業の場合】
- 相手方の破産等による代金回収不能等

【相手方が外国政府、政府機関等の場合】
- 相手方が契約を一方的に破棄等

代金が
払えません

非常危険（不可抗力的な事由）

- 相手国の戦争や内乱による輸入不能、日本の法規則による輸出不能等
- 外国での為替取引制限や、戦争による為替取引の途絶等

【おもな貿易保険の種類】

以下の７種類がよく使われる保険ですが、この中で最も一般的に利用されているのは、輸出手形保険です。

保険の名称	内容・特徴など
貿易一般保険	代金回収不能、運賃・保険料の増加の負担をカバー
貿易代金貸付保険	海外企業に融資した場合の損害をカバー
輸出手形保険	銀行等が荷為替手形を買い取る際、不渡りになった場合の損害をカバー
輸出保証保険	プラント（大型機械等の生産設備）等の輸出に関する保証状が不当に没収された場合の損害をカバー
前払輸入保険	貨物代金を前払いした際、代金回収不能となった場合の損害をカバー
海外投資保険	日本企業が海外で投資を行った際、投資先国で戦争等の非常危険により損失を受けた場合にカバー
海外事業資金貸付保険	日本企業が海外企業に長期事業資金を融資していた際、融資金の回収が不可能になった場合の損害をカバー

PL保険とは

◎ＰＬ保険とは生産物賠償責任をカバーする保険です。
◎ＰＬ法には、国内ＰＬ法と輸出ＰＬ法があります。

作業の流れ 輸出者・輸入者 ⟶ 保険会社

PL法のリスクをカバー

1995年から日本国内でも製造物責任法（PL法）が施行されるようになり、輸入品で消費者が損害をこうむった場合には、その輸入者や流通業者も賠償責任が問われるようになりました。その対応策としてPL保険があります。

国内PL保険

PL法が定める製造物とは、「製造又は加工された動産」と限定されていますが、**国内PL保険は、これらに加え、民法上の有体物である工業製品、農産物等のすべてが対象となります**。また、機械の設置や据え付け作業等の仕事の欠陥に関する賠償責任も保険の対象となります。民法や商法等によって損害賠償責任が問われた場合にも、その賠償金と保険会社が認めた訴訟費用が保険によってカバーされます。**国内PL保険の保険期間は原則として１年で、保険者のてん補責任は事故発生ベースとなり、製品の発売時期は関係しません。**そこで通常、保険契約の継続が必要となります。

輸出PL保険

輸出者に対しては輸出PL保険があります。**輸出PL保険とは、輸出した製品が外国で損害賠償責任を問われた場合、その損害賠償金が支払いの対象となります。**なお、被保険者（輸出者）に対する訴訟が、まったく根拠のない、いいがかり的なものであった場合にも、その裁判費用や弁護士費用が保険によってカバーされます。

ただし、米国において、加害行為の悪性が高い場合に、加害者に課せられる懲罰的損害賠償金については、保険ではカバーされません。

PL保険の特徴

PL法上の製造者とは

①業として製造した者　②業として加工した者　③業として輸入した者
④製造物に製造業者等の表示をした者
⑤実質的な製造業者と認めることができる者

製造物責任によるリスク管理

①製品安全対策………安全な製品を設計、製造する

②PL予防策　…………カタログや仕様書、取扱説明書等で十分な商品説明を行い、適切な保険を付保する

③PL訴訟対策　………訴訟を起こされた場合に迅速に対応できるよう、海外の法律事務所や弁護士を選定し、訴訟に備えておく

【国内PL法と輸出PL法】

国内PL法

輸入品

日本の輸入者　国内購入者

損害賠償責任を問われる

輸出PL法

輸出品

日本の輸出者　海外購入者

損害賠償責任を問われる

One Point Advice
PL法（製造物責任法）とは

PLとはProduct Liabilityの略。製造物の欠陥により、消費者等第三者に損害が生じた場合の、製造者等の損害賠償責任について定めた法規。製造業者や流通業者等に過失がなくても、被害者に対して損害賠償責任を負う（無過失責任）。

輸送形態の種類

①海上輸送

- 運賃は航空輸送と比較すると安価だが、輸送に時間がかかる
- 貨物をコンテナに詰めて輸送するコンテナ船を使うのが一般的

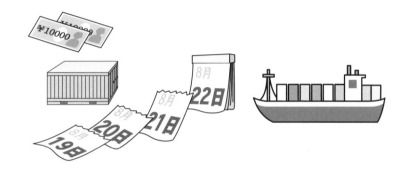

②航空輸送

- 運賃は海上輸送と比較すると割高だが、輸送時間が短縮できる
- 航空会社と荷主が直接契約をする方法と、専門業者である混載業者が複数の小口貨物を取りまとめて契約する方法がある

貿易取引の輸送形態は大きく分けて海上輸送、航空輸送、国際複合一貫輸送の3つがあります。それぞれの特徴をみていきましょう。

③国際複合一貫輸送

- 1人の運送人が船、航空機、鉄道等の2つ以上の輸送手段を組み合わせ、一貫して輸送する方法を「国際複合輸送」「複合一貫輸送」といい、その運送人を「複合運送人」と呼ぶ
- 自らは船舶等の国際輸送手段を持たない「利用運送事業者（NVOCC：Non-Vessel Operating Common Carrier）」と呼ばれる複合運送人が近年増えている

【国際複合一貫輸送の例】

船 ＋ 航空機

船 ＋ 列車

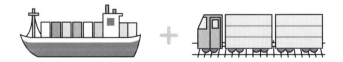

海上輸送のしくみ

◎現在の海上輸送は、コンテナ船による輸送がほとんどです。
◎定期船と不定期船があり、不定期船では在来船や専用船が
　使われます。

作業の流れ 輸出者・輸入者 ⟶ 船会社

荷物を送る船には2種類ある

海上輸送で使用される船には、コンテナに荷物を詰めて輸送する**コンテナ
船**と、貨物を直接船に積み込む**在来船**があります。

近年ではコンテナの普及に伴い、コンテナ船による輸送がおもになってき
ました。コンテナ船による輸送では、コンテナ内の荷物の梱包が簡易に済み、
天候に関係なく荷役作業ができ、荷物の積み替えも楽になりました。**コンテ
ナを使えば、盗難や水漏れ等の災害に遭うことも少なく、安心して荷物を輸
送することができます。**

一般的なコンテナは鋼鉄やアルミニウムでできており、冷却や保温機能の
付いているものや通風機能があるもの、液体運搬用、長尺用等いくつかの種
類があります。

コンテナに入らないサイズの貨物やコンテナ・ターミナル施設がない港へ
の輸送には、在来船が利用されます。在来船のうち、ある特定の貨物の輸送
用につくられた船を専用船といいます。

定期船と不定期船の違い

運送用の船には定期船と不定期船があります。

船会社が出している配船表によって、航海スケジュールが定められている
船を定期船といい、現在の定期船には、コンテナ船が使われるのがほとんど
です。定期船の輸送契約は、個々の貨物ごとに契約する個品運送契約になり
ます。

一方、航海スケジュールとは別に、大量の単一貨物を輸送するために運送
用に借りた船を不定期船といい、これには在来船が使われています。不定期
船では、船の一部または全部を貸し切る用船（傭船）契約が結ばれます。

海上輸送の種類としくみ

海上輸送で使われるのは定期船と不定期船があります。不定期船には在来船が使われ、定期船にはコンテナ船（まれに在来船）が使われます。

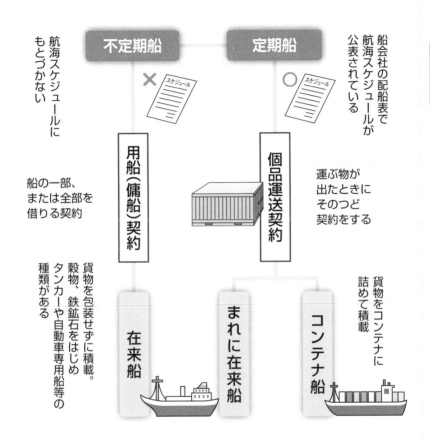

不定期船

航海スケジュールにもとづかない

船の一部、または全部を借りる契約

用船（傭船）契約

貨物を包装せずに積載。穀物、鉄鉱石をはじめタンカーや自動車専用船等の種類がある

在来船

定期船

船会社の配船表で航海スケジュールが公表されている

個品運送契約

運ぶ物が出たときにそのつど契約をする

まれに在来船

コンテナ船

貨物をコンテナに詰めて積載

専用船の種類

貨物船は用途によって異なり、いくつかの種類があります

❶ばら積み船…梱包されていない穀物や石炭等を大量に輸送する

❷オイルタンカー…内部のタンクに原油を貯蔵して輸送する

❸自動車専用船…自動車を運ぶため、駐車場を重ねたようなつくりになっている

❹LNG船…超低温化した天然ガスを運ぶための船

❺コンテナ船…コンテナ詰めされた貨物を運ぶための船

航空輸送のしくみとメリット

◎航空輸送の特徴は、運賃が割高ですが輸送時間が短いため、高額の物や緊急の場合等に使われます。
◎直接貨物輸送契約、混載貨物輸送契約、チャーター輸送契約があります。

作業の流れ 輸出者・輸入者 ⟶ 航空会社

航空機輸送の特徴

航空機による輸送は海上輸送に比べて運賃が割高ですが、輸送時間が短いのが最大のメリットです。そのため、**緊急に必要な品や高額品、食料品や生花等の生鮮品、医療品や電子機器、半導体等の輸送に多く利用されています。**

航空輸送の契約の種類

航空輸送契約には、荷主が直接航空会社、またはその代理店と契約をする、**直接貨物輸送契約**があります。

また、自らは航空機を持たない**利用航空運送業者（混載業者）**が、複数の小口貨物の荷主と契約をして大口貨物にまとめ、航空会社に対しては自らが荷主となって契約をする、**混載貨物輸送契約**があります。

混載貨物輸送契約では、混載業者は小口貨物の荷主に対して、独自の運賃率と約款を定めており、これにもとづいて運送契約が締結されます。混載業者は自らが貨物の荷主として航空会社と契約しているため、複数の荷主から集めた貨物を大口貨物にまとめて搭載し、到着地の空港では荷受人として貨物を引き取ります。そして、引き取った混載貨物の仕分けをし、それぞれの荷主に引き渡します。

荷主と航空会社の間で期間や日時を指定して、航空機の全スペースを借り切るチャーター輸送契約もあります。

輸送契約が締結されると、航空会社から**航空運送状（Air Waybill）**が発行されます。特に混載業者が航空会社から受け取るものをマスター・エア・ウェイビル、混載業者が各荷主に対して発行するものをハウス・エア・ウェイビルといいます。

航空輸送の特徴

航空輸送には、直接貨物輸送契約と混載貨物輸送契約の2種類があります。

【直接貨物輸送契約】

荷主が航空会社と
直接契約する形式

輸送契約・
航空運送状

航空会社
（代理店）

荷主

【混載貨物輸送契約】

複数の荷主の貨物をまとめた
混載業者が荷主となり、
航空会社と契約する形式

航空会社
（代理店）

輸送契約・
混載航空運送状
（ハウス・エア・ウェイビル）

輸送契約・
航空運送状
（マスター・エア・ウェイビル）

荷主A

輸送契約・
混載航空運送状
（ハウス・エア・ウェイビル）

荷主B

輸送契約・
混載航空運送状
（ハウス・エア・ウェイビル）

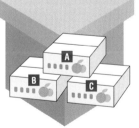

利用航空運送業者（混載業者）
が代表荷主となる

荷主C

異なる輸送手段を組み合わせる

Point
◎1人の運送人が輸送責任を一貫して引き受け、2つ以上の異なった輸送手段を用いて輸送する形態を、複合一貫輸送といいます。

作業の流れ 輸出者・輸入者 ⟶ 複合運送人

複合一貫輸送とは

これまでに船や航空機を使って貨物を運ぶ方法を紹介しましたが、たとえば船で輸送した貨物を、列車に積み替えて内陸にある目的地まで運ぶ場合はどうでしょう。

1人の運送人がこのように2つ以上の異なった輸送手段を使って、輸送責任を一貫して引き受ける輸送形態を、複合一貫輸送といいます。

これはコンテナによる輸送が発展し、貨物の積み替えが楽になったことで発達してきた輸送手段です。

複合一貫輸送を行う運送人を複合運送人といいます。複合運送人は、船会社、または自らは運送手段を持たない**利用運送業者(NVOCC=Non-Vessel Operating Common Carrier)**がなる場合があります。

複合一貫輸送の組み合わせ

複合一貫輸送の運送手段の組み合わせには、種類が多数あり、また目的地も荷主の希望によりさまざまなので、運送契約のつど、荷主と運送人との間で決められます。

複合一貫輸送は、当初船会社が引き受ける形で発展してきましたが、その船会社の航路が輸送ルートの中に含まれている必要があり、それ以外の輸送手段の組み合わせが求められたことから、NVOCCがサービスを提供するようになりました。

船会社による複合輸送では、**受取式の船荷証券(Received B/L)**が発行されます。NVOCCによる輸送では、**NVOCCが発行する複合運送証券**が使用されます。複合運送証券のフォームや目的、機能は通常の船荷証券とほとんど同じです。

複合一貫輸送のしくみ

【複合運送人と荷主の契約】

Received B/L

船会社
の場合

運送契約

どちらかと契約

運送契約

NVOCC
の場合

複合運送証券

荷主

【複合運送の組み合わせ例】

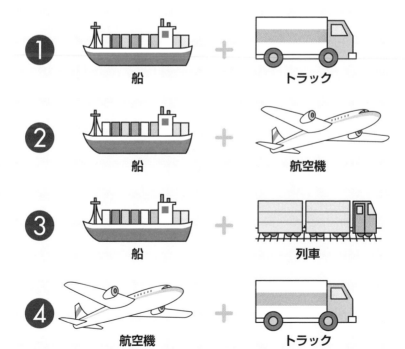

❶ 船 ＋ トラック

❷ 船 ＋ 航空機

❸ 船 ＋ 列車

❹ 航空機 ＋ トラック

139

コンテナの種類と用途

Point

◎代表的なコンテナの種類は5種類で低温輸送に使うための
ものや大きな貨物を運ぶためのもの等、用途によって使い
分けます。

◎コンテナのサイズは3種類で国際的な基準に沿って決めら
れており、単位はフィートが使われています。

作業の流れ 輸出者・輸入者 ━━▶ 船会社

◎ コンテナとは

　コンテナとは、中に物を入れて運ぶために使用される輸送用の容器のこと
をいいます。コンテナにはいくつかの種類がありますので、ここではよく使
われるものを紹介します。

①ドライコンテナ(Dry Container)

　最も普及しているコンテナであり、一般雑貨や工業製品等を輸送するコン
テナです。「コンテナ」というと、一般的にはこのドライコンテナのことを
さします。

②冷凍コンテナ(Reefer Container)

　コンテナ内部を一定の温度に設定し、生鮮食料品(野菜や果物)や低温輸送
が必要な化学製品、医薬品等を輸送するコンテナです。このほかに冷蔵コ
ンテナもあります。

③オープン・トップ・コンテナ(Open Top Container)

　通常のドライコンテナの中に入らない大型の貨物を輸送するコンテナです。
コンテナの屋根は開けて使えるような設計になっています。

④タンクコンテナ(Tank Container)

　名前のとおり、タンクが備えられたコンテナです。原油や薬品等の液体、
油等を輸送するときに使われます。

⑤フラットラックコンテナ(Flat Rack Container)

　ドライコンテナの屋根と側面の壁を取っ払ったような形のコンテナ。機械
類や木材、自動車などのように重くて大きな貨物を輸送します。また、こ
のコンテナを並べてプラント類を積むこともできます。

コンテナの種類とサイズ

【コンテナの形状】

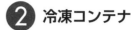

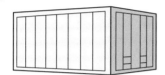

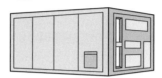

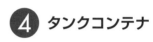

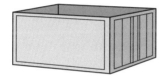

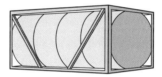

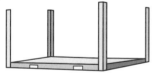

【コンテナのサイズ】

コンテナのサイズは世界で統一されており、以下の3種類がよく使われます。

幅	長さ	高さ
8フィート （約2.4メートル）	20フィート （約6メートル）	8.6フィート （約2.6メートル）
	40フィート （約12メートル）	8.6フィート （約2.6メートル）
		9.6フィート （約2.9メートル）

海上輸送の運賃と航空輸送の運賃

◎海上輸送による定期船の運賃は、海運同盟の定めた運賃率で定められています。

◎航空輸送による混載貨物輸送契約の運賃は、混載業者が独自の運賃表を定めています。

作業の流れ 輸出者・輸入者 ⟶ 船会社・航空会社

海上輸送の運賃

　海上輸送には、定期船と不定期船がありますが、それぞれの運賃はどのように定められているのでしょうか。

　定期船の運賃は、基本的には、**海運同盟の定めた運賃率（タリフ・レート）**によって定められており、海運同盟に参加している船会社の運賃は、みな同じになります（同盟に参加していない船会社は独自の運賃率を持っています）。この場合の運賃率は、貨物の船への積み込み及び荷卸しの費用が含まれた、**バース・ターム**と呼ばれる運賃体系です。

　一方、用船（傭船）契約＊による不定期船の運賃は、契約のつど荷主と船会社の間で決められます。

　いずれの場合も、そのときの経済情勢や貨物の状況により、割増運賃が課せられることがあります（燃料割増や重量割増など）。

航空輸送の運賃

　航空輸送の運賃は、国際航空運送協会（IATA）が定めた運賃率にもとづいて計算されます。この運賃率は、重量が大きくなるにしたがい1kgあたりの単位運賃が安くなる、**重量逓減制**をとっています。

　混載業者はこの制度を利用して、複数の荷主の小口貨物を大口貨物にまとめ、個々の荷主が直接、航空会社と契約するよりも安い運賃を独自に提供しています。また、IATAの運賃率は空港から空港までなのに対し、混載業者は貨物の集荷、配送、保管や通関業務まで、多岐にわたる業務を展開しているのです。

海上輸送と航空輸送の運輸体系

海上輸送には、定期船と不定期船のどちらかを使います。航空輸送には、契約の種類が3種類あります。

【海上輸送の運輸体系】

一般情報	条件	商品特有の情報
定期船	バース・ターム (Berth Term)	運賃に積み込み費用と 陸揚げ費用が含まれている
不定期船	FO (Free Out)	運賃に積み込み費用だけ 含まれている
	FI (Free In)	運賃に陸揚げ費用だけ 含まれている
	FIO (Free In and Out)	積み込み費用も陸揚げ費用も運賃に 含まれていない

【航空輸送の運輸体系】

❶ 直接貨物輸送契約 | **IATAの運賃率（重量逓減制）** | ◎空港から空港まで ◎出発地国の通貨建て

❷ 混載貨物輸送契約 | **混載業者独自の運賃表** | ◎混載業者によって異なる ◎小口貨物は有利

❸ チャーター輸送契約 | **契約のたびに航空会社が独自に設定**

輸出実務の流れ

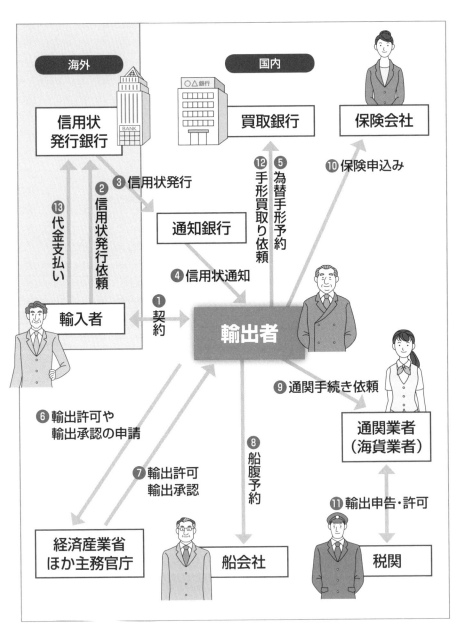

海外

国内

信用状
発行銀行

買取銀行

保険会社

⑫ ⑤ 為替手形予約
手形買取り依頼

⑩ 保険申込み

③ 信用状発行

② 信用状発行依頼

⑬ 代金支払い

通知銀行

④ 信用状通知

輸入者

① 契約

輸出者

⑨ 通関手続き依頼

通関業者
（海貨業者）

⑥ 輸出許可や
輸出承認の申請

⑧ 船腹予約

⑦ 輸出許可
輸出承認

⑪ 輸出申告・許可

経済産業省
ほか主務官庁

船会社

税関

海外に商品を輸出する際は、書類の作成、船腹予約、通関手続き等、さまざまな業者に作業を手配します。

書類作成 ➡ P.146〜147

輸出者は輸出する際に必要な書類を作成します。
- ●インボイス
  - …輸出者から輸入者に渡される出荷案内書
- ●パッキング・リスト
  - …貨物の各梱包について示す梱包明細書
- ●シッピング・インストラクションズ
  - …輸出の際、海貨業者（通関業者）への依頼で必要な書類

船腹予約、通関・船積手続き ➡ P.148〜153

輸出者は船会社と海貨業者（通関業者）に各業務を手配します。
- ◎船会社に船腹予約を行う
- ◎通関業の許可を受けた海貨業者に通関と船積業務を依頼
- ◎出荷準備が整った貨物は保税地域に搬入される

航空機による輸送 ➡ P.154〜157

- ◎航空会社（代理店）と輸送契約を結ぶ
- ◎小口貨物の場合は混載業者と契約を結ぶ

通関書類、保険申込み ➡ P.158〜165

- ◎通関業者（海貨業者）→輸出申告書を作成して税関へ申告
- ◎輸出者→保険会社に海上保険を申込む

船による輸送 ➡ P.166〜173

- ◎コンテナ船で輸送→FCL貨物かLCL貨物かで契約が異なる
- ◎在来船で輸送→コンテナに入らない貨物等を輸送
- ◎船積み完了後、輸出者は輸入者に船積通知を送る

輸出書類の作成

◎輸出者が作成するおもな書類には、インボイス、パッキング・リスト、船積依頼書があります。

作業の流れ　輸出者

　輸出者は、貨物を輸出するときに、各手続きを海貨業者（通関業者）等に依頼します。その際、インボイスやパッキング・リスト、船積依頼書といった書類が必要になります。

インボイスの作成

　インボイスは、輸出者から輸入者に渡される出荷案内書であり、明細書、代金請求書としての役割もあります。また、荷為替手形（にがわせてがた）に添付される船積書類の1つでもあり、信用状による取引では、インボイスの商品明細が信用状と一致していなければならないので、注意が必要です。

　仕入書として税関に提出する通関用のインボイスでは、輸出申告がFOB価格（エフオービー）（右ページ参照）で行われるため、インボイス上にFOB価格を明記しなければなりません。契約がFOB以外の場合には、余白にFOB価格を記載します。

パッキング・リストの作成

　パッキング・リスト（包装明細書）は、各梱包について、中に何が何点入っているのかを梱包ごとに記載した書類です。梱包を業者に依頼した場合は、業者がパッキング・リストを輸出者の代わりに作成し、輸出者が署名することがあります。

船積依頼書

　船積依頼書（シッピング・インストラクションズ）は、海貨業者への貨物通関・船積み依頼の際に必要となる書類です。特に信用状取引では、信用状に記載された商品名、運賃の支払い方法、船積港等に関する記載と、船積依頼書の内容が一致していなくてはなりません。

各書類の役割

インボイスとパッキング・リストの記載内容をきちんと確認しましょう。

【インボイス】

品物の価格や数量、支払方法などが記載されている

役割

■ 貨物の明細書として　■ 納品書として　■ 請求書として

インボイスの記載内容

❶輸出者　❷輸入者　❸船名　❹出航予定日　❺積出地　❻仕向地

❼作成日　❽インボイス番号　❾貿易条件　❿L/C番号（信用状取引の場合）

⓫輸出者の署名　⓬荷印　⓭商品明細　⓮数量　⓯単価　⓰合計金額

【パッキング・リスト】

インボイスの内容を補足する

梱包業者が輸出者に代わって作成することもある

役割

■ 包装ごとの明細書

パッキング・リストの記載内容

❶商品名　❷数量　❸正味重量　❹容積　❺総重量

One Point Advice
FOB価格とは

FOB価格とは、本船渡し条件価格のことで、売主（輸出者）が指定した船積港において、買主（輸入者）が指定した船舶上で貨物を引き渡す条件の価格をいいます。たとえば、Xという貨物を横浜からニューヨークに向けて輸出する場合、FOB価格は横浜港でXという貨物を引き渡すまでの価格となります。

船の選定とブッキング

 Point

◎輸出貨物の出荷日が決まったら、船腹予約を行います。
◎貨物や仕向地によって、適した船を選択します。

作業の流れ 輸出者 ⟶ 船会社

船腹予約

　売買契約で運賃が輸出者負担の場合、輸送の手配は原則として輸出者が行います。**貨物を船積みできる日が決まったら、船会社に連絡をし、船腹の予約（スペース・ブッキング）を行いましょう。**

　まず、輸出貨物や仕向地によって適した船を選択します。定期船の予約では、船会社が公表している配船表でスケジュールを確認し、輸入者との契約の船積期限以内に出荷できる船を選びます。利用したい船が決まったら、船会社に連絡をして、詳細を確認し合いながら船腹予約を行います。この場合、船会社とは個品運送契約を結ぶことになり、貨物が船積みされると船荷証券（B/L）が契約の証明として発行されます。

運賃の決定方法

　運賃は通常、積み込み費用と陸揚費用が含まれたバース・タームですが、船会社によっては独自の運賃率・運賃形態を持っていることもあるので、予約の際に確認しましょう。

　単一の貨物を大量に輸送する場合には、配船スケジュールにもとづかない不定期船を予約します。この場合、運賃と運賃形態は、船会社と輸出者によってそのつど決められます。

 One Point Advice
ブッキングの際の確認ポイント

● 船腹予約をするときは、希望する船、コンテナや貨物の数量、容積、重量などをきちんと伝える
● 船腹予約が済んだら、輸出許認可の取得、梱包、輸出通関手配等、船積準備を行う

船腹予約の種類と方法

配船表でスケジュールを確認し、
スペース・ブッキングを行う

船荷証券

輸出者

※運賃が輸出者負担の場合

船会社

定期船と不定期船の特徴

	定期船	不定期船
形式の特徴	小型で高速	大型で低速
船の形態	コンテナ船	タンカー等の専用船が多い
スケジュール	配船表のスケジュールにもとづく	配船表のスケジュールにもとづかない
運賃	基本的に海運同盟の定めた運賃率による	常に変動している
おもな貨物の種類	小口貨物	大口貨物

 定期船と不定期船の選び方は?

A 輸出しようとする貨物や仕向地によって、適した船舶を選択するとき、定期船(Liner)と不定期船(Tramper)のいずれかを選択します。定期船の場合は、1回の取引数量が100トンというような小口貨物に利用され、不定期船は大口貨物や鉱石、石炭、穀物等の貨物に利用されています。

通関・船積手続きの依頼

◎貨物輸出の際は、船積依頼書（シッピング・インストラクションズ）を作成し、海貨業者（通関業者）に通関と船積業務を依頼します。

作業の流れ 輸出者 ⟶ 海貨業者（通関業者）

海貨業者へ依頼する

貨物を輸出する際は、通関手続きや船積みの手続きを、その専門業者である海貨業者（通関業者）に委託します。海貨業者とは、港湾事業法にもとづいて、港湾での貨物の取り扱いの許可や免許を受けた者で、さらには通関業法にもとづく通関業の許可や倉庫業、運送業等の免許を併せ持っている業者が一般的です。

海貨業者に通関と船積みを依頼するには、輸出者独自の書式や海貨業者の書式で、**船積依頼書（シッピング・インストラクションズ）**を作成し、書面で依頼します。

船積依頼書とは

船積依頼書は、通関作業のベースとなる重要な書類です。海貨業者・通関業者が行う通関や船積みの手続きは、すべてこの船積依頼書にもとづいて行われます。

船積依頼書に記載されるおもな内容としては、作業内容・貨物の情報・書類に関する事項などです。輸出者が依頼する作業の範囲や、必要となる書類の明細を明確に指示し、通関や船積みに必要な書類を添付して、海貨業者に渡します。

運送人が発行する書類等も、船積依頼書の内容にもとづいて発行されます。特に信用状取引の場合には、信用状の条件どおりの船荷証券（B/L）を入手することが必要になりますので、船積依頼書できちんと指示することが大切です。

WORD ▶ NACCS：税関・倉庫業者・通関業者・銀行・航空会社などをオンライン処理する通関・港湾手続きシステム。

海貨業者（通関業者）への依頼

依頼する際は船積依頼書（シッピング・インストラクションズ）を作成します。

通関と船積業務を依頼

- 作業内容
- 貨物の情報
- 書類に関して

輸出者

船積依頼書を
作成し、業務を依頼

海貨業者（通関業者）

船積依頼書に
もとづいて…

船積み
手配

通関業者は、
輸出申告手続き
を行う

税関

輸出申告手続きの流れ

- 多くの場合、NACCS※を
  利用して通関手続きが行われる

- NACCS端末に
  輸出申告の内容を申告

- 税関はNACCS端末にて
  輸出許可を発する

船会社

- 船荷証券（B/L）発行

貨物を保税地域へ搬入する

Point

◎出荷の準備が整った貨物は、輸出申告後に保税地域へ搬入されます。

◎保税地域で検査が行われます。

作業の流れ 輸出者 ⟶ 海貨業者（通関業者）

貨物の搬入

梱包が済み、出荷の準備が整った貨物は、船積みの1週間ほど前に海貨業者の倉庫に搬入されます。搬入は輸出者自身が行うか、または海貨業者（通関業者）に依頼して行います。その後**貨物は、船積みの48時間前までに、通関手続きに備えて保税地域に搬入されます**（実際には、海貨業者の倉庫が保税地域内にあることが多い）。

保税地域とは?

保税地域とは、輸出入貨物の検査や審査が行われる場所です。保税地域には、税関長の許可により設置されるものと、財務大臣が指定して設置するものがあります。

輸出申告は保税地域搬入前に行うことができます。したがって、輸出しようとする貨物は、輸出申告後に保税地域に搬入されます。

貨物が保税地域に搬入されると、通関業者によって通関手続きが行われます。また、船積依頼書にもとづき、船会社に対してドック・レシート（船積申込書）が提出されます。

Q 保税地域の場所とは
具体的にどのような場所を指すのですか?

A 保税地域と呼ばれているものは、たとえば、指定保税地域にあるコンテナ・ヤードがあげられます。ほかには、保税蔵置場の許可を受けた倉庫等、保税工場の許可を受けた民間メーカーの工場、保税展示場の許可を受けた博覧会場等があります。

保税地域の種類

保税地域は、以下のように分けられます。

種類	特徴	期間
①指定保税地域	港や空港の税関近くに、国や地方公共団体等が所有したり管理したりしている土地や建物等の公共施設で、財務大臣が指定して設置された場所。輸入手続が済んでいない貨物や、輸出許可を受けようとする貨物の積み卸しや運搬、一時蔵置ができる。	認められる蔵置期間は原則として1ヵ月以内。
②保税蔵置場	外国貨物の積み卸し、蔵置ができる場所。外国貨物を関税保留のままで蔵置することが可能。	原則として3ヵ月、蔵入が承認されれば2年間蔵置できる。
③保税工場	外国貨物を関税保留のまま加工、製造できる場所として、税関長が許可した工場。加工貿易等に利用される。	移入承認されれば、2年間蔵置できる。
④保税展示場	国際博覧会や展示会のために、税関長が許可した場所のこと。外国貨物を関税保留のままで展示したり、使用したりすることが可能。	税関長が認める期間。
⑤総合保税地域	②〜④の各種機能を総合的に併せ持つ地域として、税関長が許可した場所。	原則として3ヵ月、総保入承認されれば、2年間蔵置できる。

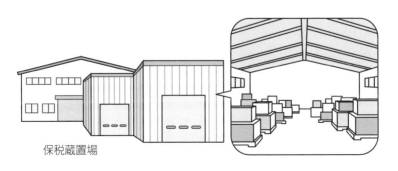

保税蔵置場

航空貨物の運送状

Point ◎航空運送状には貨物の引き渡し請求権がなく、有価証券としての価値はありません。

作業の流れ 航空会社・混載業者

航空運送状の特徴

　航空機による輸送では、輸送契約が締結されて運送人に貨物の引き渡しが済むと、契約の証拠書類として航空運送状（Air Waybill：AWB）が運送人から発行されます。

　積荷の引き渡しに不可欠な船荷証券（B/L）と異なり、航空運送状は有価証券ではないことがあげられます。つまり、**貨物の引き渡し請求権が、航空運送状にはありません**。航空運送状は、貨物を運送人に引き渡したときに発行される「**受取式**」、かつ荷受人（Consignee）欄に特定人名が記入された「**記名式**」で発行され、運送状に記載されている荷受人に、貨物は自動的に引き渡されます。よって、輸入地での貨物の引き取りの際には、航空運送状は必要ありません。

　混載業者から荷主に対して発行されるHouse Air Waybillには、航空会社が発行したMaster Air Waybillの番号が記載されます。ハウス・エア・ウェイビルとマスター・エア・ウェイビルは、運送人名が異なるだけで、その内容はほとんど同じです。

航空運送状の注意点

信用状取引の場合、信用状条件として航空運送状の荷受人を信用状発行銀行とするのが一般的です。その理由は、代金未決済で輸入者が貨物を引き取ってしまうのを防ぐためです。
なお、輸入者は貨物を引き取る際、信用状発行銀行から「航空貨物引渡指図書」（Release Order）を発行してもらうことが必要です。

航空貨物の契約ポイント

荷主が直接契約する場合と、混載業者が複数の荷主と契約する場合があります。

直接貨物輸送契約

契約

Master Air Waybill

貨物の引き渡しが
済むと発送される

航空会社
（代理店）

荷主

混載貨物輸送契約

契約

House
Air Waybill

**利用航空
運送会社**
（混載業者）

輸送契約

Master
Air Waybill

航空会社
（代理店）

各荷主と契約

Air Waybill

✕ **貨物の引き渡し請求権はない
（有価証券ではない）**

航空貨物の輸出と通関

Point

◎直接貨物輸送契約の場合、輸出申告を経て貨物は、保税地域に搬入され輸出許可を受けます。

◎混載貨物輸送契約の場合、利用航空運送業者が貨物を混載貨物にまとめ輸出申告を行います。混載貨物は保税地域に搬入され、輸出許可を受けます。

作業の流れ 航空会社・混載業者

航空貨物の搬入

利用航空運送業者（混載業者）との混載貨物輸送契約によって、貨物を航空輸送する場合、輸出される貨物は搭載予定日の前日までに、空港の近くに設けられた利用航空運送業者の倉庫に搬入されます。そこで税関に対して輸出申告が行われます。その後、直接貨物輸送契約の場合も混載貨物輸送契約の場合も、保税地域に搬入され、貨物の検査、書類の審査等を経て、輸出許可を受けます。海上輸送の場合と同様、ほとんどの利用航空運送業者の倉庫が保税地域内にあります。

輸出申告と積載

現在の輸出申告は、税関と各通関業者との間に設置された、NACCSという情報処理オンラインシステムで行われています。

税関によって申告内容や添付書類が審査され、税関長から輸出許可を受けた貨物は、利用航空運送業者によって、他の荷主の貨物と一緒に混載貨物としてコンテナやパレット*に積載されます。貨物を積載したパレットやコンテナは、CY（コンテナ・ヤード）にある利用する航空会社の倉庫に運ばれます。そこで航空会社に引き渡され、航空機に積載されます。

通関業者 ← NACCS → 税関

オンラインで情報処理

航空貨物の輸出・通関の手続き

航空貨物は保税地域に搬入され、検査や書類審査等を経て輸出許可を受けます。

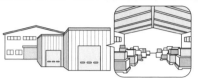

輸出者の倉庫・工場

前日までに倉庫に
搬入される

■ **輸出申告**

混載業者の倉庫等

■ **税関による書類審査・貨物検査**

■ **輸出許可**

ナックス
NACCS
によって行われる

■ **利用航空運送業者により貨物を
パレットやコンテナに混載**

■ **航空会社の倉庫**

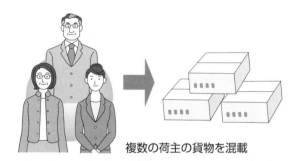

複数の荷主の貨物を混載

航空機に積載される

通関書類の作成

◎通関業者は船積依頼書（シッピング・インストラクションズ）にもとづいて、輸出申告書を作成します。
◎輸出申告書に添付する書類は、輸出者が準備します。

作業の流れ 輸出者 ⟶ 通関業者 ⟶ 税関

　通関業者は、輸出者から受け取った船積依頼書にもとづいて、輸出申告書を作成します。輸出申告書のほかに、輸出通関に必要な書類は以下のものです。

❶ 通関用インボイス

　通関用のインボイスは、税関長が必要とした場合に提出します。 税関では、この仕入書をベースに輸出通関統計を計上しますが、その際の申告価格はＦＯＢ（本船渡し条件）価格（本冊P147参照）と規定されています。輸入者との貿易条件がＣＦＲ（運賃込み条件）やＣＩＦ（運賃・保険料込み条件）の場合には、商業用インボイスの価格から運賃や保険料を差し引いて、FOB価格を算出して輸出申告を行います。

❷ 通関用パッキング・リスト

　通関用パッキング・リストは、梱包ごとの貨物の内容を記載した明細書です。 税関は輸出申告の際、品目ごとの正味重量（Net Weight）で通関統計を計上しているので、貨物の正味重量を記載します。

❸ 輸出許可証、輸出承認証

　輸出する品が外為法や他法令により規制されている場合は、輸出申告時に関係省庁で取得した輸出許可証や輸出承認証を税関に提出します。

❹ カタログのコピーなど

　輸出申告では、貨物を決められた輸出統計品目番号に分類しなければなりません。通関業者が分類を決めるときに必要であれば、資料として商品の詳細がわかるカタログのコピーなどを提出します。また、これらを必要に応じ、輸出申告時に税関に提出します。

通関書類の種類

通関の際は、以下の書類が必要になるので、モレがないようにきちんと準備しましょう。

輸出者

通関と船積業務を依頼 →

通関業者

シッピング・インストラクションズ

通関用インボイス

- 貨物の記号、番号、品質、数量、価格
- インボイスの作成地、作成日、仕向地、仕向人
- 価格の決定に関する契約条件(FOB、CIF等)

通関用パッキング・リスト

- 貨物の正味重量(Net Weight)を記載

輸出許可証・輸出承認証

- 事前に関係省庁で取得する

カタログのコピー

- 商品の詳細がわかるものを提出

保険の申込み

Point

◎保険料の見積もりをとってＣＩＦ価格を算出し、保険契約を結びます。

◎信用状取引の場合、保険証券は重要な書類となりますので、内容をよく確認しましょう。

作業の流れ　輸出者 ⟶ 保険会社

申込みの手順

輸入者との貿易条件で、輸出者が貨物海上保険をかける場合、輸出者は船積みの予定が決定したら海上保険を申込みます。

まず、輸出予定の貨物の詳細を保険会社に連絡し、保険料の見積もりをとってＣＩＦ（運賃・保険料込み条件）またはＣＩＰ（輸送費・保険料込み条件）の価格を算出します。貨物海上保険の保険料は自由料率となっているので、何社かの見積もりをとってもよいでしょう。

輸送船名等も確定したら、その保険会社の所定の用紙に詳細を記入して、書面で確定保険の申込みを行います。

保険金額の算出方法

保険金額は、売買契約で特に定めのない限り、CIFまたはCIP価格に10%を加算して算出します。保険条件にはいくつかの種類があるので、売買契約を結ぶ際に輸入者と決めておく必要があります。特に信用状取引の場合には、信用状上で要求された保険条件で、保険をかけなければなりません。確定保険契約の申込みが完了し、保険会社によって承諾されると、保険証券が発行されます。保険証券は、代金回収の際に為替手形に添付する重要な書類となります。

輸出取引が継続的にある場合は、一定期間の貨物のすべてに確定保険をかけることを事前に約束する、包括予定保険を契約することができます。包括予定保険では、個別の船積みが確定するごとに、保険会社に連絡をして、確定保険に切り替えます。

保険の種類と申込み方法

輸出者が貨物海上保険をかける場合は、船積みの予定が確定したら、保険会社に連絡をし、確定保険契約に切り替えましょう。

輸出者
※輸出者が付保する場合

**輸出者の申込みにより
見積もりを提出する**
（CIF、CIPの算出）

**とりあえず予定保険を
申込み、その後、
内容が確定したら、
確定保険契約を結ぶ**
（CIF、CIP×110%）

保険会社

何社かの保険会社に
見積もりを依頼してもOK

保険条件（旧約款の場合）
●FPA（分損不担保条件）…新約款では(C)に相当
補てん範囲：共同海損、費用損害、全損、分損のうちの特定分損
●WA（分損担保条件）…新約款では(B)に相当
補てん範囲：共同海損、費用損害、全損、分損
●A/R（全危険担保条件）…新約款では(A)に相当
補てん範囲：共同海損、費用損害、全損、分損、付加危険

 **実際に損害事故にあった場合は
どのように対処したらよいのでしょうか？**

A 貨物海上保険証券（Marine Insurance Policy）は、輸出者がかけた場合、輸出者によって当該保険証券が裏書されて輸入者に送られます。信用状に記載があった場合、買取書類として銀行経由で輸入者に送られます。裏書によって保険請求権は保険申込みをした輸出者から輸入者に転移します。もし貨物に事故が起こった場合、輸入者は保険会社に連絡し保険求償手続きを行います。その際に、保険証券のほか、インボイスや船荷証券等も必要になります。

輸出申告と輸出許可

Point
◎通関業者によって、税関に対して輸出申告が行われます。
◎現在の輸出申告は、NACCS（ナックス）というオンラインシステムで処理されています。

作業の流れ 海貨業者（通関業者）→ 税関

貨物の検量と通関手続き

輸出貨物は通関業者によって税関に対して輸出申告が行われます。 通関業者は輸出申告書を作成し、添付書類とともに税関に提出します。現在の輸出申告は、税関と各通関業者間に設置された、NACCSという情報処理オンラインシステムで処理されています。

海貨業者によって保税地域に搬入された輸出貨物は、検量人（けんりょうにん）によって重量と容積の検量を受けます。 このときに証明された検量の内容が、海上運賃を算出する際のベースとなります。契約条件等で、重量容積証明書が必要な場合には、検量業者に依頼して発行してもらいます。

書類のチェック内容

以下の項目が船積書類と一致しているかどうかを確認しましょう。
□**貨物の種類** □**荷姿や状態** □**荷印** □**個数**

NACCSでの輸出申告

NACCSでは、輸出申告だけでなく、船積みや出港の情報も処理されており、一連の作業の迅速化が進みました。

NACCSによって輸出申告がなされると、税関によって申告内容と添付書類が審査されます。その後、貨物の検査が行われます。申告内容や書類、貨物に問題がなければ、税関長によってNACCSを通じ、輸出の許可（E/P＝Export Permit（エクスポート パーミット））が出されます。輸出許可を受けた貨物は、外国貨物とみなされ、コンテナ・ヤードに運ばれて本船に積み込まれます。

原則的な輸出通関の流れ

輸出貨物は保税地域に搬入され、検査などを経て輸出されます。

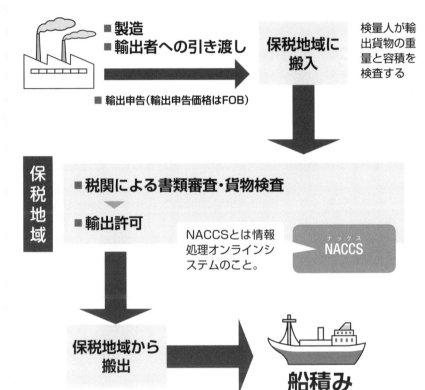

■製造
■輸出者への引き渡し

■輸出申告（輸出申告価格はFOB）

保税地域に搬入

検量人が輸出貨物の重量と容積を検査する

保税地域

■税関による書類審査・貨物検査

■輸出許可

NACCSとは情報処理オンラインシステムのこと。

NACCS

保税地域から搬出

船積み

One Point Advice
検量人と検数人

検量人とは、貨物の船積みの際、あるいは陸揚げの際に貨物の重量や容積を検量し、その証明をする専門家です。また、検数人という制度もあります。この検数人は、貨物の数や貨物の損傷をチェックし、それを証明する専門家です。これら二者を総称して、サーベイヤーともいいます。

特定輸出申告制度

◎税関長から承認を得た輸出者は、特定輸出申告制度を利用できます。この制度では、貨物を保税地域に搬入することなく、輸出申告が行えるため、時間が短縮できます。

作業の流れ　輸出者 ⟶ 税関

特定輸出申告制度とは

　日本から貨物を輸出する場合、原則として輸出申告後に貨物を保税地域に搬入します。

　しかし例外として、セキュリティー管理とコンプライアンス（法令遵守）の優れた輸出者に対しては、**保税地域に貨物を搬入することなく、輸出申告の手続きがとれる制度**があります。これを**特定輸出申告制度**といいます。

　特定輸出申告制度を利用するには、税関に申請を行い、審査を受けて、特定輸出者として税関長に承認されなければなりません。

迅速な輸出手続きが可能になる

　特定輸出者として承認された輸出者は、貨物を保税地域に搬入せずに、自社の工場や倉庫等で輸出申告を行い、輸出許可を受けることができます。また、同時に行われる審査や検査にも、輸出者のコンプライアンスが反映されるので、迅速な輸出通関が可能となります。

　特定輸出申告制度により、保税地域外で輸出許可を受けた貨物は、船積みのために保税地域内にあるコンテナ・ヤードに運ばれ、そのまま船積みされます。

 One Point Advice
特定輸出申告のメリット

特定輸出申告を行い、特定輸出許可を受けた「特定輸出貨物」については、外国貨物であっても、保税運送の承認を受けることなく国内を運送することができます。

特定輸出申告制度の流れ

税関長から承認を得た輸出者を特定輸出者といいます。この承認を受けると、保税地域での輸出通関を省くことができるので、スムーズに船積みが行えます。

特定輸出者の倉庫・工場

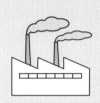

- **輸出申告**
  （輸出申告価格はFOB）
  エフオービー

- **税関による書類審査・貨物検査**
  （コンプライアンスが反映される）

- **輸出許可**

工場内で輸出申告ができるので、時間が短縮でき、またコストもおさえることができる

⬇

保税地域での輸出通関は
行わなくてOK

⬇

船積み

コンテナ船による輸送(FCL、LCL)

Point　◎コンテナを利用した貨物にはFCL貨物とLCL貨物があります。FCL貨物はCYに、LCL貨物はCFSを経由してCYに運ばれ、船積みされます。

作業の流れ　輸出者 ⟶ 船会社、海貨業者(通関業者) ⟶ 税関

FCL貨物とLCL貨物

コンテナ船による輸送の場合、輸出許可の下りた貨物は、船積みに向けてコンテナへの積載作業が行われます。

コンテナを利用した貨物には、1人の荷主(輸出者)の貨物だけでコンテナがいっぱいになる**FCL貨物**(Full Container Load)と、他の荷主の貨物と混載して1本のコンテナにまとめる**LCL貨物**(Less than Container Load)があります。

CYとCFS

FCL貨物の場合、輸出者またはその委託者(海貨業者など)が、コンテナ詰めを行います。

コンテナに貨物を詰めたら封をし、コンテナの内容を記載した「コンテナ内積付表(CLP)」を作成して、貨物を**コンテナ・ヤード(CY)**に搬入します。CYは、コンテナを本船に積み込んだり、荷卸ししたりする場所のことで、FCL貨物の場合、コンテナは直接CYへ持ち込まれます。

LCL貨物の場合は、貨物はまず**コンテナ・フレート・ステーション(CFS)**に運ばれます。CFSとは、LCL貨物をコンテナに詰めたり、またはコンテナから取り出す作業を行う場所をいいます。そこでCFSオペレーターによって、他の貨物と一緒にコンテナに積載されます。

また、CFSに搬入される貨物及びCFSで荷渡しされる貨物のことをCFS貨物と呼びます。コンテナへの混載作業が完了すると、船会社がCLPを作成し、コンテナはCYに搬入されます。

CYに運ばれた貨物は、クレーン等でコンテナ船に船積みされます。

コンテナ船の船積みの流れ

【貨物】

コンテナへ積載

輸出許可

●FCL貨物
●LCL貨物
のどちらか

【FCL貨物の船積み】

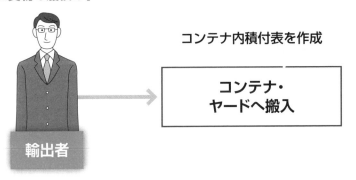

コンテナ内積付表を作成

コンテナ・
ヤードへ搬入

輸出者

【LCL貨物の船積み】

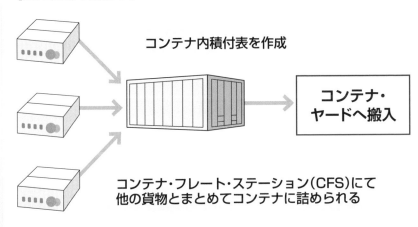

コンテナ内積付表を作成

コンテナ・
ヤードへ搬入

コンテナ・フレート・ステーション(CFS)にて
他の貨物とまとめてコンテナに詰められる

在来船への船積み

◎在来船への船積みには、荷主が本船の船側まで貨物を運び込む自家積みと、船会社の倉庫で貨物を引き渡す総積みがあります。

作業の流れ 　輸出者 ──→ 船会社、海貨業者

在来船への積み込み

　コンテナに入らない形状や大きさの貨物を輸送する場合や、コンテナ・ターミナルの設備がない港へ輸送するときは、在来船による輸送が行われます。コンテナ船と在来船では、船積みの手順や引き渡される書類が異なります。

　在来船への船積みは、貨物が大口か小口かによって2つの方法に分かれ、**大口貨物の船積みは自家積み、小口貨物の船積みは総積みとなります。**

自家積みと総積み

　自家積みとは、輸出許可を得た大口貨物を、**荷主の責任で岸壁や本船船側まで運び**、そこで船会社に引き渡す方法です。直積みとも呼ばれています。実際には荷主の依頼を受けた海貨業者によって岸壁、または艀（港湾内の小型運送船）を使って本船船側に運ばれ、一等航海士の指示を受けたステベドア（船内荷役業者）が船積み作業を行います。

　総積みとは、輸出許可を得た小口貨物を、船会社が指定した倉庫で引き渡し、船会社が**他の荷主の貨物とまとめて船積みする**方法です。船積み作業はクレーン等で行われ、いずれの場合でも、貨物が船会社に引き渡された後、検数人による貨物のチェックが行われます。

Q 「在来船」という名前の由来は？

A 在来船は英語で「Conventional Vessel」（コンベンショナル ベッセル）と呼ばれ、コンテナでは積むことのできない、大きな貨物や重い貨物等を積む船です。コンテナ船よりも前から一般的に使用され、「当初からあった船」という意味合いで在来船と呼ばれます。クレーンで貨物を吊り上げて積み卸しをし、一般雑貨からバラ荷・プラント貨物・車等さまざまな貨物を運べます。

在来船への船積みの流れ

① 海貨業者は船会社に書類を提出する

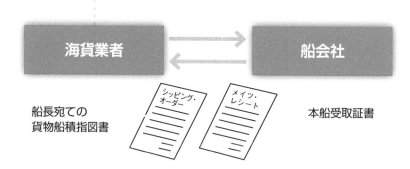

税関より
輸出許可が下りる

シッピング・オーダーと
メイツ・レシートを船会社に提出し
船会社で記入後、海貨業者に返却

海貨業者 → 船会社

船長宛ての
貨物船積指図書

シッピング・
オーダー

メイツ・
レシート

本船受取証書

② 書類を添えて貨物を積み込む

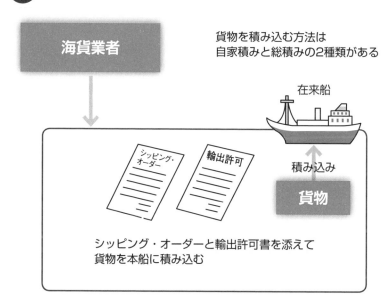

海貨業者

貨物を積み込む方法は
自家積みと総積みの2種類がある

在来船

シッピング・
オーダー

輸出許可

積み込み

貨物

シッピング・オーダーと輸出許可書を添えて
貨物を本船に積み込む

船荷証券の発行と船積通知

◎貨物の船積みや引き渡しが完了すると、船会社から船荷証券が発行されます。

◎無事に船積みが完了したら、輸出者は輸入者に船積通知を行います。

作業の流れ 船会社 ⟶ 輸出者 ⟶ 輸入者

船荷証券の種類

　輸出貨物の船積みや引き渡しが完了すると、船会社から船荷証券(B/L)が発行されます。船荷証券は有価証券であり、輸入者が貨物を引き取る際に必要になる書類で、荷為替手形に添付される船積書類の1つです。**船荷証券には船積式B/L (Shipped B/L)と、受取式B/L (Received B/L)があります。**

船積式B/Lと受取式B/Lの違い

　船積式B/Lは、貨物が船積みされたときに発行され、On Board B/Lともいいます。在来船による輸送では、原則として船積式B/Lが発行されます。

　受取式B/Lは、船会社が貨物を受け取ったときに発行されるものです。コンテナ船による輸送の場合には、コンテナ・ヤード(CY)やコンテナ・フレート・ステーション(CFS)で貨物が引き渡されますので、このとき受取式B/Lが発行されます。

　信用状による取引の場合、貨物が船積みされたことの証として船積式B/Lが要求されますが、受取式B/Lに船積みされた日時と署名をすることで、船積式B/Lと同じ効力をもたせることができます。この船積証明のことを**On Board Notation**といいます。

船積通知とは

　無事に船積みが完了したら、輸出者は輸入者にメールやファックスですみやかに、船積みの詳細を知らせる**船積通知(Shipping Advice)**を行います。船積通知には貨物の明細、金額、船名、出航日等を記載します。

船積み手続きの流れ

船会社から発行される船荷証券は大切に保管しましょう。

船荷証券
(B/L)の発行

船会社

船積通知
(Shipping Advice)
シッピング アドバイス

輸出者

輸入者

在来船 ▶ 船積式B/Lが発行される

コンテナ船 ▶ 受取式B/Lが発行される

信用状では
船積式B/Lが要求される

これを
On Board Notation
オン ボード ノ テ ー ション
という

受取式B/Lに
◎船積み日時
◎署名を追加

船積式B/Lと同じ効力

貨物の異常を示すリマーク

Point ◎貨物の梱包に異常があると、Foul B/L（故障付き船荷証券）が発行されます。この場合、船会社に補償状を差し入れて、Clean B/Lに差し換えてもらう方法があります。

作業の流れ 船会社 ━━▶ 輸出者

リマークとは

輸出のために運び込まれた貨物の梱包に異常があった場合、コンテナ船ではB/L交換用のドック・レシート（D/R）に、在来船の場合にはメイツ・レシート（M/R）に、異常があったことを示す特記が記載されます。この記載をリマーク（Remark）といいます。

リマークのついたD/RやM/Rを船会社に持ち込むと、発行されるB/LはFoul B/L（故障付き船荷証券）となります。

リマークが記載されたら

信用状取引の場合、信用状上で要求されているB/LはClean B/L（無故障船荷証券）ですので、異常を示すFoul B/Lでは銀行による手形の買取りを拒絶されてしまいます。

Foul B/Lが発行されてしまった場合には、L/I（Letter of Indemnity）と呼ばれる補償状を船会社に差し入れて、Clean B/Lに差し換えてもらう方法があります。

L/Iとは、B/Lの内容を訂正したことで生じた損害について、L/Iを差し入れた者（輸出者）が全責任を負い、船会社の責任は問わないことを記した補償状です。

しかし、梱包の異常が後々問題になる可能性は消えたわけではありませんので、L/Iを安易に差し入れることも控えるべきです。それだけ輸出者自身がリスクを抱えることになります。まずは船積貨物や容器・梱包に異常がないか、事前に十分注意することが必要です。

貨物がリマークになる場合

貨物に異常があった場合、コンテナ船ではドック・レシートに、在来船の場合はメイツ・レシートにリマークがつきます。

搬入

M/R、D/Rに
リマーク

船会社

キズ等がある貨物

引き取りの際に事故による
破損や異常の有無をチェック

貨物のチェックは
検数人によって行われる

❷ L／I（補償状）の差し入れ

❶ Foul B/Lを発行

❸ Clean B/Lに差し換え

**手形の
買取拒否**

Foul B/L

銀行

輸出者

輸入実務の流れ

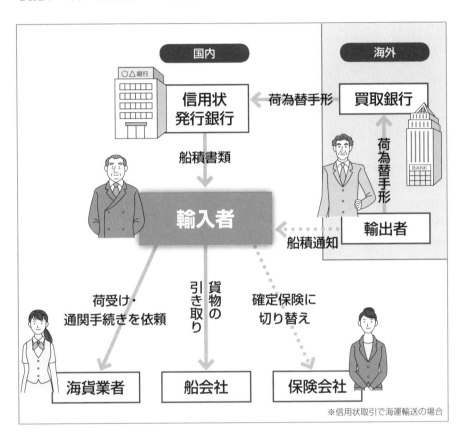

※信用状取引で海運輸送の場合

法規制について ➡ P.176〜177

輸入者は輸入する際に必要な書類を作成します。

●外為法（外国為替及び外国貿易法）

…輸入割当品目、輸入承認品目、事前確認と通関時に確認が必要な品目があります。

●国内法

…植物防疫法や家畜伝染病予防法、食品衛生法等で定められた該当品目については、許認可が必要です。

いろいろな人の手を経て海外から届けられた輸入貨物。荷物の引き揚げや搬入等を行う専門業者の手を経て、はじめて引き取ることができるのです。

貨物の荷受けと通関手続きの依頼 ➡ P.178～187

輸出者から船積み終了の知らせとして、船積通知が届くので、これを元に海貨業者に荷受けと通関手続きを依頼します。

- ●コンテナ船での荷受け…貨物は本船から陸揚げされ、保税地域内のコンテナ・ヤードに運ばれます。
- ●在来船での荷受け…自家揚げと総揚げの2種類の方法があります。
  自家揚げ…海貨業者が本船で貨物を引き取って保税地域に搬入。
  総揚げ…保税地域内で貨物が引き渡されます。
  ◎原則、保税地域に搬入後、通関手続きとなります。

航空貨物の引き取り ➡ P.188～189

信用状取引で航空便を利用した場合の手続き方法です。
①銀行に必要書類を提出し、リリース・オーダーを発行してもらう
②リリース・オーダーを航空会社に呈示して荷受指図書を入手
③貨物を引き取る

貨物の搬入と通関手続き ➡ P.190～197

陸揚げ後の貨物は保税地域に搬入され、NACCSで輸入申告が行われます。
◎点検の際、貨物に異常があったら「リマーク」が下記の書類の摘要欄につけられます。これは、後に船会社などに責任を追及する際の証拠となるのです。
●在来船…カーゴ・ボート・ノート ●コンテナ船…デバンニング・レポート

コンテナ船の貨物の引き取り ➡ P.198～201

コンテナ船で輸入された貨物は大口と小口の場合で引き取り方法が異なります。
●大口（FCL貨物）の場合…コンテナ・ヤードに搬入されて通関手続きを受けます。
●小口（LCL貨物）の場合…コンテナ・フレート・ステーションまたは保税地域内の倉庫で輸入通関手続きを受けます。

輸入に関わる法規制

Point

◎輸入に関する法規制には、貿易関係法（外為法）によるものと、国内関係法によるものがあります。

◎法規制されている貨物を輸入するには、事前に関係省庁の許認可を取得します。

作業の流れ　輸入者 ⟶ 経済産業大臣・関係省庁 ⟶ 税関

外為法と国内関係法

　輸出の場合と同様、輸入に際しても法令や政令で規制されている品目があります。輸入に関する法規制には、大きく分けて**貿易関係法（外為法）による規制**と、**国内関係法**による規制があります。

　外為法では輸入の承認について輸入貿易管理令（輸入令）で定めるとしています。輸入令では輸入割当品目、輸入承認品目、事前確認及び通関時確認品目があげられ、いずれの品目も輸入に際して、経済産業大臣の承認や確認が必要とされています。

輸入できる数が制限される場合

　輸入割当品目とは、輸入の数量が制限されているもので、経済産業大臣から輸入割当を受けた者でなければ輸入承認申請を行うことができません。また事前確認及び通関時確認品目とは、経済産業大臣の事前確認を受けるものと、通関時に一定の証明書類を提出して税関の確認を受けるものがあり、確認されれば輸入承認は不要とされています。輸入承認品目とは、特定の原産地または船積地の貨物です。

　国内関係法では、植物防疫法や家畜伝染病予防法、食品衛生法等で定められた該当品目が、許可や承認の必要な品目としてあげられています。

　これらに該当する品目を輸入する場合には、事前に関係省庁の許可や承認を得て、輸入通関時に税関に証明しなければなりません。

輸入に関わる法規制

確認が必要な品目としては、外為法では、輸入令で定めるとされており、国内関係法では、あらかじめ決められた該当品目について規制されています。

【貿易関係法（外為法）】

輸入令

▶ 輸入割当品目

▶ 輸入承認品目
（特定原産地・船積地）

▶ 事前確認
通関時確認品目

経済産業大臣の輸入承認

税関で確認

輸入申告

【国内関係法】

植物防疫法

家畜伝染病予防法

食品衛生法

薬機法

その他

各関係省庁の許認可

税関で確認

輸入申告

ココに注目！

法規制について

外為法（外国為替及び外国貿易法）…輸入割当品目、輸入承認品目、事前確認と通関時に確認が必要な品目があります。

国内法…植物防疫法や家畜伝染病予防法、食品衛生法等で定められた該当品目については、許認可が必要です。

在来船での貨物の陸揚げ

Point

◎在来船による貨物の陸揚げには、自家揚げと総揚げがあります。

◎荷主の責任で陸揚げする方法を自家揚げ、船会社が一括で陸揚げする方法を総揚げといいます。

作業の流れ 輸出者 ─→ 海貨業者 ─→ 船会社 ─→ 輸入者

在来船により輸送された貨物の陸揚げには、自家揚げと総揚げの2つの方法があります。

自家揚げ

自家揚げとは、**重量のある貨物や大きな貨物の場合に、荷主（輸入者）の責任で貨物の荷卸しを行う方法**です。

実際には輸入者から依頼された海貨業者によって、貨物の陸揚げが行われます。海貨業者は直接本船の船側に出向き、そこで船会社から貨物の引き渡しを受けます。海貨業者は貨物を引き取ったら、自分で保税地域まで搬入し、通関手続きを行います。

総揚げ

一方総揚げとは、**船会社がすべての荷主の貨物を一括して陸揚げし、保税地域に搬入してから荷主に引き渡す方法**です。

実際には、船会社から依頼された船内荷役者（ステベドア）によって貨物の陸揚げ作業が行われ、保税地域に搬入されます。荷主への貨物の引き渡しは、保税地域で行われます。

連絡がないと、貨物は自動的に総揚げによって陸揚げされますので、自家揚げをする場合には、事前に船会社に連絡をします。

 ステベドアとは？

A ステベドア（Stevedore）は通称、ステベと呼ばれています。本来は沖仲仕を語源として、船内荷役ができる者として船会社との結びつきが強いのが特徴です。港湾労働者のうち、船舶内で貨物の積み卸し作業をする荷役作業員のことをいいます。

自家揚げと総揚げのしくみ

 自家揚げ

重量のある貨物、大きな貨物を荷主の責任で荷卸しするのが、自家揚げです。

輸入者（荷主）の責任で貨物を本船から陸揚げ

 本船

 貨物

保税地域

輸入者

総揚げ

船会社が荷主の貨物を一括して陸揚げし、保税地域に搬入してから荷主に引き渡すのが総揚げです。

船会社が一括で陸揚げし、保税地域で荷渡し

 輸入者

 貨物　貨物

 本船

保税地域

船積通知の役割

Point

◎船積通知を受領したら、荷受けと通関の準備をします。
◎予定保険を確定保険に切り替えます。

作業の流れ 輸出者 ⟶ 輸入者 ⟶ 保険会社

船積通知の方法と内容

輸出地で船積みが終了すると、輸入者の元には輸出者からの船積通知（Shipping Advice シッピング アドバイス）が届きます。船積通知は通常、貨物の明細や金額、船名、出航日など、貨物に関する詳細な情報が記載され、ファックスなどで輸入者に送られます。

船積通知を元に手続きを依頼する

輸入者はこの船積通知の内容を元に、海貨業者へ輸入貨物の荷受けと通関手続きの依頼をします。また、輸出者との貿易条件で輸入者が貨物海上保険をかける場合には、船積通知の内容にもとづいて、事前にかけていた予定保険を確定保険に切り替えます。

信用状による決済やD/P、D/A決済では、船積書類は銀行を経由して送られてきますので、輸入者の手元に届くまでに時間がかかります。そのため、船積書類のコピーを船積通知に添付して、航空便で送ってもらうことがあります。

なお、航空貨物の場合には、インボイスやエア・ウェイビルは貨物と一緒に送られてくるので、すみやかに船積通知を受けて、荷受けや通関の準備をしておく必要があります。

One Point Advice
船積通知の必要性

インコタームズ上では、この船積通知は「輸出者の義務」となっています。それはＦＯＢ契約、
またはＣＦＲ契約の場合、貨物海上保険は輸入者がかけなければいけないため、輸出者は遅
滞なく輸入者に船積通知を行う必要があるのです。

海貨業者（通関業者）への依頼の流れ

輸入者は、船積終了後に送られてくる船積通知を元に貨物の荷受けと通関手続きを手配します。

船積通知(Shipping Advice)

- ■数量
- ■金額
- ■船名
- ■出航日
- 等

■船荷証券
のコピー

■インボイス

輸出者

輸入者

荷受けと通関手続きの依頼

予定保険を確定保険に切り替え

**海貨業者
（通関業者）**

荷受け・通関の準備を行う

確定保険への
切り替えを行う

保険会社

貨物の荷受けと通関の手続き

Point

◎貨物の到着が近づいたら、輸入者は貨物の荷受けや通関の手続きを、海貨業者（通関業者）へ依頼します。
◎輸入者は輸入作業依頼書を作成し、通関や荷受けの際に必要な書類と一緒に海貨業者（通関業者）に渡します。

作業の流れ　輸入者 ⟶ 海貨業者（通関業者）

荷受けや通関の手続き

　貨物の到着が近づいたら、輸出の場合と同様に、輸入者は輸入貨物の荷受けや通関の手続きを、その専門業者である**海貨業者に依頼**します。

　海貨業者に輸入通関と貨物の荷受けを依頼するには、輸入者独自の書式や海貨業者の書式で、輸入作業依頼書を作成し、書面で依頼します。記載するおもな内容としては、**作業内容・貨物の情報・書類に関する事項**等です。

　また、通関や荷受けの際に必要となる書類を、依頼書と一緒に海貨業者へ渡します。おもな書類としては、次のようなものがあります。

> ◎B/L（ビー エル）またはL/G（エル ジー）、航空貨物の場合には銀行が発行した**リリース・オーダー**
> ◎**インボイス**（仕入書）、**パッキング・リスト**
> ◎外為法や国内関係法により、輸入にあたり許認可が必要とされている貨物の場合には、事前に取得した関係省庁の許認可証（**輸入承認証、検査証、許可証**等）
> ◎税関が書類審査や貨物検査の際に必要とする書類（**注文書、カタログ、運賃証明書、保険料証明書、原産地証明書**等）

海貨業者の業務

　通関業務の許可も持っている海貨業者の場合は、貨物の引き取りと輸入通関の手続きを一括して請け負い、輸入者に代わって手続きを行います。輸入作業依頼書を輸入者から受け取ったら、貨物引き取りの準備をします。

海貨業者(通関業者)への依頼

貨物を輸入する際は、輸入作業依頼書を作成し、作業を依頼します。

輸入者

貨物の荷受けと
通関業務を依頼

- B/L（L/G、リリース・オーダー）
- インボイス(仕入書)
- 保険料証明書
- パッキング・リスト

海貨業者(通関業者)

荷受け
作業を手配

輸入作業依頼書
◎船名 ◎品名 ◎数量
◎荷姿 ◎荷印 ◎作業内容

申告(書類)入手

税関
- 貨物の審査・検査

船会社
- B/Lと貨物の引き換え

ココに注目!

輸入通関手続き

輸入通関手続きは、具体的には輸入（納税）申告を行い、税関長の許可を受ける手続きです。輸入の場合は関税・消費税等の税金が課されるため、納税申告も必要です。

コンテナ船の貨物の荷受け

Point
◎FCL貨物の場合はコンテナ・ヤードに運び込まれます。
◎LCL貨物の場合はコンテナ・フレート・ステーションに運び込まれます。

作業の流れ 輸入者 ➡ 海貨業者（通関業者） ➡ 船会社

貨物は保税地域(CY、CFS)へ

コンテナ船による貨物の荷受けでは、本船から陸揚げされた貨物は、**保税地域内にあるコンテナ・ヤード(CY)** に運び込まれます。

大口貨物であるFCL貨物の場合はそのままCYに置かれます。他の荷主と貨物を混載するLCL貨物の場合にはCYからコンテナ・フレート・ステーション(CFS)に運び込まれ、荷主ごとに仕分けされます。

船会社に書類を提出する

輸入者から貨物の荷受けと輸入通関手続きの依頼を受けた海貨業者は、船会社に船荷証券(B/L)または保証状(L/G)を呈示して、荷渡指図書(D/O=Delivery Order)を交付してもらいます。

荷渡指図書とは、船会社が荷受人に貨物を引き渡すように荷渡しを指図した書類で、**FCL貨物の場合にはCYのオペレーター宛てに、LCL貨物の場合にはCFSオペレーター宛てに作成されます。**

貨物の引き渡し方法

海貨業者（通関業者）は、税関に対して輸入（納税）申告をします。税関長から輸入許可を受けたら、CYまたはCFSのオペレーターにD/Oと輸入許可書(I/P=Import Permit)を提出し、貨物の引き渡しを受けます。引き渡しの際には、貨物の状態を点検してデバンニング・レポート※に記録をつけ、船会社と荷主（海貨業者）が署名をします。

WORD ▶ デバンニング・レポート：コンテナ輸送の貨物の場合に、輸入地でコンテナを開けたときの中の貨物の数量や状態等の確認結果を記載した書類。

コンテナ船の荷受けの流れ

輸入者の依頼を受けた海貨業者が、船会社等に手配をして貨物が陸揚げされます。

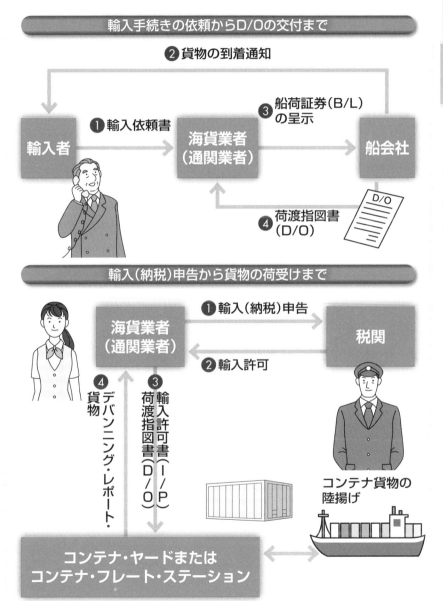

輸入手続きの依頼からD/Oの交付まで

❷ 貨物の到着通知

❸ 船荷証券（B/L）の呈示

輸入者 → ❶ 輸入依頼書 → **海貨業者（通関業者）** → **船会社**

D/O

❹ 荷渡指図書（D/O）

輸入（納税）申告から貨物の荷受けまで

海貨業者（通関業者） → ❶ 輸入（納税）申告 → **税関**

❷ 輸入許可

❹ デバンニング・レポート・貨物

❸ 輸入許可書（I/P）荷渡指図書（D/O）

コンテナ貨物の陸揚げ

コンテナ・ヤードまたはコンテナ・フレート・ステーション

185

在来船の貨物の荷受け

Point

◎自家揚げの場合には、本船の船長に荷渡指図書 (D/O) を呈示して貨物を引き取ります。

◎総揚げの場合には、ランディング・エージェントに荷渡指図書を呈示して貨物を引き取ります。

作業の流れ 　輸入者 ━━▶ 海貨業者 ━━▶ 船会社

荷渡指図書の交付

　在来船で輸入された貨物を荷受けする場合、海貨業者は船会社に船荷証券 (B/L) または保証状 (L/G) を呈示して、荷渡指図書 (D/O) の交付を受けます。**D/Oは、自家揚げの場合には本船の船長宛てに、総揚げの場合には船会社から陸揚げ作業の委託を受けた、ランディング・エージェント※宛てに発行されます。**

自家揚げの場合

　自家揚げの場合、荷主 (輸入者) から依頼を受けた海貨業者は直接本船まで行き、**船長にD/Oを呈示して貨物を引き取ります。**その際、輸入者側と船会社側の検数人が立ち会って、貨物の検数や損傷の有無を確認し、検数票が作成されます。この検数票にもとづいて、貨物の受領書であるカーゴ・ボート・ノートが作成され、本船に提出されます。その後、海貨業者は貨物を保税地域に搬入し、税関に対して輸入 (納税) 申告を行います。税関長の輸入許可を受けると、貨物を保税地域から引き取ることができます。

総揚げの場合

　総揚げの場合には、保税地域内で貨物の引き渡しが行われます。海貨業者は、ランディング・エージェントにD/Oを呈示し、貨物を引き渡してもらいます。カーゴ・ボート・ノートは、貨物が本船から船内荷役者 (ステベドア) によって陸揚げされる際に、検数票にもとづいて作成されます。

WORD ▶ ランディング・エージェント：陸揚げ代行業者のこと。輸入の場合、総揚げ作業のほか、自家揚げ作業も代行する。

在来船貨物の荷受けの流れ

自家揚げの場合と総揚げの場合で、荷渡指図書の提出先が異なります。

自家揚げの場合

荷渡指図書
を呈示

D/O

本船
（船長宛て）

貨物

海貨業者

貨物のチェック
（検数や損傷の有無）
を確認

↓

検数票を作成

↓

カーゴ・ボート・ノート
を作成

↓

本船に提出

総揚げの場合

荷渡指図書
を呈示

D/O

ランディング・エージェント

保税地域内で
貨物の引き渡し

海貨業者

エージェント側の
検数人が立ち会って
検数を行う

↓

検数票を作成

↓

カーゴ・ボート・ノート
を作成

↓

本船に提出

航空貨物の引き取り

◎航空貨物の引き取りでは、貨物の荷受人である銀行から貨物引渡指図書（リリース・オーダー）を発行してもらい、貨物を銀行から借り受ける形で引き取りをします。

作業の流れ 　輸入者 ⟶ 銀行 ⟶ 航空会社

引き取りに必要なもの

　航空貨物の引き取りでは、航空会社（またはその代理店）に銀行が発行した**貨物引渡指図書（リリース・オーダー）**を提出して、荷渡指図書（D/O）を交付してもらいます。リリース・オーダーとは、銀行が、貨物を輸入者に引き渡すよう航空会社に指図するための書類です。

航空貨物引き取りのしくみ

　通常航空機による輸送で信用状取引の場合には、航空運送状（ＡＷＢ）上の荷受人（Consignee）は銀行に指定されています。そして輸入者が商品代の決済をすると、貨物引き取りの権利が銀行から輸入者に移るしくみになっています。

　しかし航空貨物は、銀行に決済書類が届く前に到着することがほとんどですので、輸入者は到着した貨物を代金決済前に、銀行から借り受ける形で引き取ることになります。

銀行からの借り受け方法

　銀行から貨物を借り受けるには、輸入者は銀行に**輸入担保荷物保管証（T/R: Trust Receipt）**※を、**約束手形**と共に差し入れます。銀行はこれらと引き換えにリリース・オーダーを発行します。輸入者はリリース・オーダーを海貨業者（通関業者）に渡し、輸入貨物の引き取りを依頼します。

　後日銀行に決済書類が届き、輸入者が手形の決済または引き受けをすると、正式に貨物は輸入者のものとなります。

WORD▶ 輸入担保荷物保管証（T/R：Trust Receipt）：輸入代金未決済の輸入者が、銀行へ提出する輸入貨物の借受証。

航空貨物の引き取りの流れ

輸入者は銀行にリリース・オーダーを発行してもらい、海貨業者（通関業者）に作業を依頼します。

輸入者

銀行

貨物の
引き取りを依頼

輸入担保荷物保管証と
約束手形と共に差し入れて
リリース・オーダーを
発行してもらう

海貨業者 （通関業者）		航空会社

貨物の引き渡し

ココに注目!

荷渡指図書(Delivery Order＝D/O)とは?

銀行からリリース・オーダーの交付を受けた輸入者は、それを航空会社に提出することにより、D/Oの交付を受けることができます。D/Oは、航空会社または航空代理店から発行されるもので、これを持って所定の場所に貨物を引き取りに行くことができます。

保税地域への搬入

Point

◎陸揚げされた貨物は保税地域に搬入され、輸入通関手続き
が行われます。
◎特定の貨物に関しては、保税地域に搬入することなく、輸
入通関手続きを行えます。

作業の流れ 海貨業者（通関業者） ⟶ 税関

陸揚げされた貨物の手続き

本船から陸揚げされた貨物は、原則として港や空港にある保税地域に搬入
され、そこで輸入通関手続きが取られます。**保税地域とは、輸出入された貨
物を一時的に保管する場所**で、関税を保留にした状態のまま置いておくこと
ができます。

実際、多くの海貨業者が所有する倉庫が、税関長から、保税地域の許可を
受けています。保税地域にある貨物のうち、輸入許可前のものは外国貨物と
みなされ、関税の徴収が保留されています。

輸入通関手続きでは、税関に対して**輸入申告と納税申告**がなされます。

書類の審査と貨物の検査に問題がない場合、輸入者が関税などを納付する
と、税関長から輸入許可を受け、貨物を保税地域から搬出することができます。

保税地域に搬入できない貨物は

保税地域に搬入することが困難であると税関長が認めた貨物に関しては、
「**本船扱い**」や「**艀中扱い**※」等として、保税地域に搬入することなく輸入通関
手続きを取ることができます。

たとえば木材や石炭や穀物等は、船会社から積荷目録が税関に提出された
後、貨物が本船に積まれたままの状態や艀に積まれたままの状態で輸入通関
手続きを行えます。

保税地域に搬入せずに輸入通関手続きをするには、事前に申請書を提出し
て、税関長の承認を得ることが必要です。

WORD ▶ 艀中扱い：貨物が本船から艀に積み替えられ、艀に積まれたままの状態で輸入通関手続きを行
うことのできる扱い。

貨物が市場に出るまでの流れ

貨物は陸揚げされてから、通常は保税地域に運び込まれ、輸入許可後、市場に流通します。しかし、搬入が困難で税関長が承認した貨物に限り、保税地域に搬入せずに輸入通関手続きが可能です。この場合、輸入許可後、貨物は保税地域に運び込まれずに市場へ出ることになります。

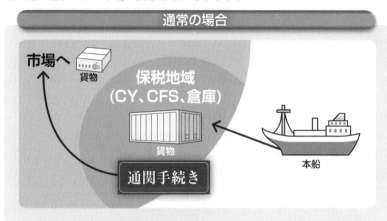

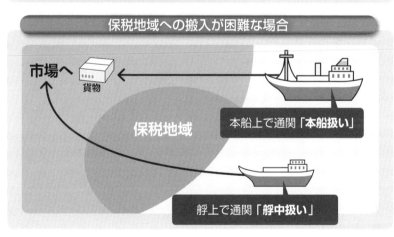

輸入申告

◎輸入申告価格はCIF価格を基本に計算します。
◎仕入書のほかに運賃明細書、保険料明細書、各種証明書、カタログなどを税関に提出します。

作業の流れ　通関業者 ⟶ 税関

輸入申告はCIF価格が基本

　輸入貨物が保税地域に搬入されると、通関業者は税関に対して、貨物の輸入申告を行います。**輸入申告は輸出申告と同様、現在では税関と各関係業者間に設置されたNACCSという情報処理オンラインシステムによって行われています。**輸出入・港湾関連情報処理センター株式会社が運営するNACCSは、輸出入の通関手続き、それに密接に関連する国際物流業務の合理化・迅速化・簡素化を図ることを目的としています。

　輸入申告はCIF価格（運賃・保険料込み条件）を基本に行われます。輸入申告では仕入書（インボイス）を税関に提出しますが、仕入書がCIF価格でない場合は、CIF価格を算出するために、運賃明細書や保険料明細書をあわせて提出します。

　また、税関にて貨物の検査や書類の審査が行われます。輸入にあたり、関係省庁の許可や承認を得ている場合には、それらの証明書類や原産地証明書も一緒に提出します。**原産地を偽っていたり、誤った表示があったりする場合は、輸入は許可されません。**さらに必要であればカタログやサンプルも提出します。

特殊なケースでの申告書

　輸入申告の特例として、一時的に輸入される商品見本等は、申告書ではなく通関手帳で輸入申告の手続きが取られます。また、**1品目20万円以下の場合**には、エア・ウェイビルや仕入書によって申告ができます。

　そのほか、特例輸入申告制度を利用すると、輸入申告と納税申告を分けて行うことができます。

輸入申告の流れ（原則）

貨物は保税地域に搬入された後、NACCSを利用して輸入手続きが行われます。

輸入にあたり許認可の取得（必要な場合）

貨物到着後、保税地域に搬入

保税地域

◎**輸入申告・納税申告** ←この2つの申告は
　　　　　　　　　　　　　同時に行われる

■**貨物の検査** ← 貨物自体の検査

■**書類の審査** ← 許認可の証明書

◎**輸入許可**

◎**納税**

NACCS

搬出

NACCSとは、税関と各
関係業者間に設置された
情報処理オンラインシス
テムのこと

 貨物の申告価格とは？

貨物の申告すべき価格は、基本的にCIF価格（運賃・保険料込み条件）に相当
する価格とされています。

もし、輸入貨物に保険がかけられていない場合は、保険料はゼロであって、貨物
の価格と運賃の合計額が課税価格になります。

輸入通関手続き

◎貨物が保税地域に搬入されると、税関に対して輸入通関の手続きが取られます。
◎通常の輸入通関では、輸入申告と納税申告が同時に行われます。

作業の流れ 輸入者 ⟶ 通関業者※ ⟶ 税関

輸入申告と納税申告

　陸揚げされた輸入貨物は保税地域に搬入され、そこで税関に対して輸入通関手続きが行われます。**通常の輸入通関では、貨物の輸入申告と関税の納税申告が同時に行われます。**貨物の検査や書類の審査に問題がなく、輸入者が関税等を納付すると税関長の輸入許可がされ、保税地域から貨物を引き取ることができます。

　しかし、輸入申告と納税申告を同時に行うのでは、通関手続きに時間がかかることがあります。そのようなときのために、いくつかの便利な制度があります。

到着前にできる予備審査制度

　予備審査制度は、貨物の到着前に書類審査を済ませることができる制度です。通常の輸入通関と比べて書類審査に取られる時間が短くなり、通関手続きにかかる時間が短縮されます。

　また、輸入許可前貨物の引き取り制度では、特定の条件を満たす貨物であれば、輸入許可を得る前に保税地域から貨物を引き取ることができます。ただし輸入許可前貨物の引き取り制度を利用するには、事前に貨物の関税額等に相当する担保を税関に差し入れ、税関長の承認を得なければならないので注意が必要です。

　この他にも、**特例輸入者制度や関税等の納期限延長制度を利用すれば、輸入通関にかかる時間を短縮することができます。**

WORD ▶ 通関業者：税関長の許可を受けて、依頼人（輸出者・輸入者）のために輸出・輸入貨物の通関手続きを行う業者のこと。

輸入通関と予備審査制度

予備審査制度では、貨物到着前に書類の予備審査を行うため、保税地域での審査の時間を短縮することができます。

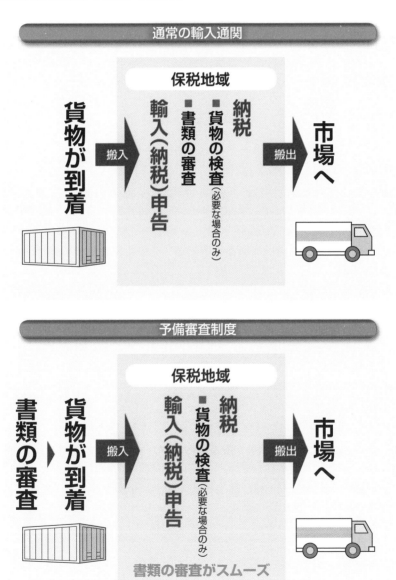

通常の輸入通関

貨物が到着

搬入

保税地域

輸入（納税）申告

書類の審査

■ 貨物の検査（必要な場合のみ）

納税

搬出

市場へ

予備審査制度

書類の審査

貨物が到着

搬入

保税地域

輸入（納税）申告

■ 貨物の検査（必要な場合のみ）

納税

搬出

市場へ

書類の審査がスムーズ

195

貨物のチェックと必要な書類

Point
◎貨物が荷受人に引き渡されるときには、貨物の状態を点検します。
◎不具合があるときは、カーゴ・ボート・ノートやデバンニング・レポートにその旨を記録します。

作業の流れ 海貨業者 ⟷ 船会社

貨物に不具合があった場合は

　貨物が本船から陸揚げされるときや、荷受人（海貨業者）に引き渡されるときは、貨物の点検がなされますが、その際、点検された貨物に損傷や数量の過不足がないとはいえません。

　このように**貨物に不具合がある状況では、その証拠となる書類が必要**になります。

　在来船ではカーゴ・ボート・ノート（Cargo Boat Note／貨物受渡書）に、コンテナ船の場合にはデバンニング*・レポート（Devanning Report）に、その旨を記録しなければなりません。つまり、リマークがつけられます。

　いずれの書類も貨物の荷卸し（引き渡し）と船会社の責任が終了したことを証明するものなので、そこに不具合のリマークがないと、後で船会社への責任を追及できないことになります。

カーゴ・ボート・ノートとデバンニング・レポート

　カーゴ・ボート・ノートは、在来船の貨物が荷受人に引き渡される際に、貨物の受取書として荷主側が署名をして本船に提出する書面です。引き取った貨物に損傷や数量の不一致がある場合には、必ず摘要（リマーク）欄にその旨を記載して、本船側に渡します。

　デバンニング・レポートは、コンテナ船の貨物を荷受人がコンテナ・ヤード（CY）やコンテナ・フレート・ステーション（CFS）で受け取る際に、貨物の状態を確認し、その状態を記録した書類です。貨物に不具合がある場合には、デバンニング・レポートの摘要（リマーク）欄に不具合の状態を記載して署名をします。

　WORD ▶ デバンニング：コンテナから貨物を取り出すこと。なお、コンテナに貨物を積み込むことをバンニングという。

在来船とコンテナ船の貨物のチェック方法

在来船ではカーゴ・ボート・ノートを、コンテナ船ではデバンニング・レポートを提出します。

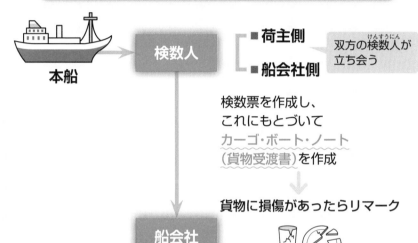

在来船の場合

本船 → 検数人

■ 荷主側
■ 船会社側

双方の検数人が立ち会う

検数票を作成し、これにもとづいて
カーゴ・ボート・ノート（貨物受渡書）を作成

貨物に損傷があったらリマーク

船会社

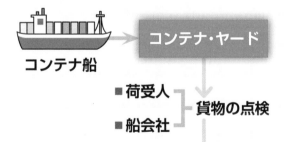

コンテナ船の場合

コンテナ船 → コンテナ・ヤード

■ 荷受人
■ 船会社

貨物の点検

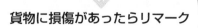

デバンニング・レポート（貨物の状態を記録した書類）を作成

貨物に損傷があったらリマーク

FCL 貨物の引き取り

Point

◎陸揚げされたFCL（エフシーエル）貨物は、コンテナ・ヤードに搬入されて荷主（海貨業者）に引き渡されます。

◎海貨業者はコンテナ・ヤードのオペレーターにD/O（ディー・オー）を呈示して、コンテナの引き渡しを受けます。

作業の流れ　海貨業者 ⟶ 船会社

代金の支払い

　信用状取引の場合は銀行に代金を支払い、船積書類を受け取ります。またFOB（エフオービー）契約の場合等、輸入者が運賃を支払わなければならない場合には、運賃を支払います。

コンテナの引き渡し

　コンテナ船で輸送された、大口のFCL（Full Container Load）（フル コンテナ ロード）貨物は、陸揚げされると保税地域であるコンテナ・ヤード（CY）（シーワイ）に搬入されます。CYに搬入されたFCL貨物は、多くの場合、CYに置かれたままで通関手続きが取られます。

　海貨業者は、船会社にB/L（ビー・エル）またはL/G（エル・ジー）を呈示し、CYのオペレーター宛ての**荷渡指図書（D/O）（ディー・オー）の交付**を受けます。D/Oは貨物の引き取りに際して必要な書類です。このD/Oと、輸入許可がすでになされている場合には税関長の輸入許可書（I/P）（アイ・ピー）をCYのオペレーターに呈示することで、コンテナの引き渡しを受けることができます。

コンテナの搬出

　コンテナが荷受人に引き渡され、CYから搬出されるときは、コンテナの点検を行い、コンテナ機器受渡書（EIR）（イー・アイ・アール）が作成されます。

　その際、**コンテナの外観に損傷があったり、封がはがれているようなことがあったりすれば、コンテナ機器受渡書に摘要（リマーク）を記載し、CYのオペレーターと荷受人が確認をして署名をします。**

　倉庫に運び込まれ、コンテナから貨物が取り出されるときは、貨物の状態を点検して記録したデバンニング・レポートが作成されます。

コンテナ・ヤードでの引き取りの流れ

FCL 貨物はコンテナ・ヤードに搬入されて輸入者の元に届けられます。

D/O
（荷渡指図書）
I/P
（税関長の輸入許可書）

海貨業者

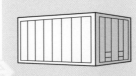

コンテナの
積卸し

貨物

必要な書類を
提出して
貨物を引き取る

搬出時にはコ
ンテナ機器受
渡書が作成さ
れる

 One Point Advice
コンテナの無料保留期間

コンテナの引き渡しの場合は「荷渡通知書」（Delivery Notice）が送られますが、
ここにはコンテナの引き渡し時間が記載されています。この指定日時に指定され
た場所で貨物を引き取ります。このほかこの通知書には、コンテナの無料保留期間、
期間後の保管料、延滞料金についても記載されています。

LCL貨物の引き取り

◎LCL貨物はコンテナ・ヤードを経由してコンテナ・フレート・ステーションに運ばれ、荷主ごとに仕分けされます。
◎海貨業者はコンテナ・フレート・ステーションのオペレーターにD/Oを呈示して、貨物の引き渡しを受けます。

作業の流れ 　海貨業者 ⟶ 船会社

コンテナの搬入と通関手続き

　大口のFCL貨物と異なり、**小口の貨物をいくつも積んでコンテナ船で輸送されるLCL貨物(Less than Container Load)は、陸揚げされた後コンテナ・ヤード(CY)を経由して、コンテナごとにコンテナ・フレート・ステーション(CFS)に搬入されます。**

　CFSでは、コンテナから貨物が取り出され、船荷証券(荷主)ごとに仕分けされます。海貨業者はCFS、または保税地域にある倉庫に貨物を搬入後、税関に対して輸入通関手続きを行います。

貨物の引き取り

　海貨業者は、**船会社に船荷証券(B/L)* または保証状(L/G)* を呈示して、CFSのオペレーター宛ての荷渡指図書(D/O)の交付を受けます。**

　この場合に呈示する保証状とは、貨物が先に到着し、船積書類がまだ到着していないという場合に、B/Lが届いたら差し入れることを約束して輸入者が船会社に差し入れるものです。

　その後D/Oと、輸入許可がされている場合には輸入許可書(I/P)をCFSオペレーターに呈示して、貨物を引き取ります。

　貨物がコンテナから取り出されるときには、船会社と荷受人(海貨業者)が貨物の状態を点検し、デバンニング・レポートを作成します。

　取り出した貨物に損傷や数の不一致がある場合には、デバンニング・レポートに必ず摘要(リマーク)を記載します。

WORD ▶ B/L: 運送人と荷主間で運送契約の成立を証明する船荷証券。
　　　▶ L/G: 輸入の際、船荷証券の到着が貨物よりも遅れた場合に、貨物の引き取りに使われる書類。

LCL貨物の引き取り方法

LCL貨物は陸揚げ後、コンテナごとにコンテナ・フレート・ステーションに搬入されます。

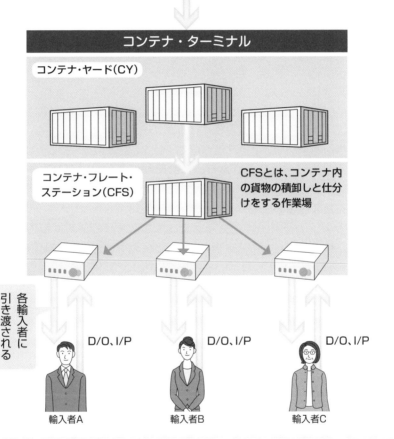

コンテナ・ターミナル

コンテナ・ヤード(CY)

コンテナ・フレート・ステーション(CFS)

CFSとは、コンテナ内の貨物の積卸しと仕分けをする作業場

各輸入者に引き渡される

D/O、I/P

D/O、I/P

D/O、I/P

輸入者A　　　　　　　輸入者B　　　　　　　輸入者C

One Point Advice
デバンニング・レポートの役割

コンテナから取り出した貨物の状態を、検数業者が検査して作成された「デバンニング・レポート」は、もし貨物に異常などがあった場合には、後に保険求償する際の重要証拠書類となります。

輸入してはならない貨物 —知的財産権侵害物品—

　知的財産権侵害物品は、麻薬・向精神薬・覚せい剤・けん銃・爆発物・火薬類・ポルノ類等と同様に関税法で規定する「輸入してはならない貨物」です。

　知的財産権といってもその種類は、いくつかあります。特許権、実用新案権、商標権、意匠権（デザインの権利）、著作権、著作隣接権等があります。これらの権利を侵害した物品は、水際で食い止め、国内に入れないようにすることにより権利者を保護しています。これを許していたら国内の産業の発展はあり得ません。

　また、不正競争防止法で定める、例えばニンテンドーDSのアクセスコントロールを回避して違法な海賊版ゲームソフトを作動させる装置のように、技術的制限手段を無効化させた装置なども輸入してはならない貨物として定められています。

　このように不正競争違反物品を輸入され自己の営業上の権利を侵害される者は、侵害物品等が輸入される場合には、税関長に対し「輸入差止申立て」を行い、水際で国内流通を阻止してもらうことができます。これは、すべての権利について税関が把握しているわけではなく、権利者などの申立てが、取り締まりには有効であるからです。

　ここで問題です！
　税関では、年の上半期と下半期にそれぞれの権利ごとに輸入差止の実績を公表しています。令和元年上半期までの3年間を通し、いちばん多く差止められた侵害物品は、次のうちどれでしょう。
　①特許権　②育成者権　③著作権　④商標権　⑤意匠権

> **ヒント** 差止められた物品別件数（税関資料）でみると1位バッグ類（42.4％）、2位衣類（29.2％）、3位靴類（7.6％）です。これを仕出国別（件数）にみると1位中国（86.4％）、2位フィリピン（4.0％）、3位香港（2.9％）となり、ほとんどが中国に集中しています。

答え 正解は、④商標権です。輸入差止がされた知的財産権侵害物品の内訳（件数別）では、全体の96.5％が商標権侵害物品です。つまり、ほとんどのものが商標権侵害物品だということですね。

貿易実務に関わる書類

貿易実務で登場する書類には、それぞれ特有の形式があります。書類の見方や特徴を覚えて、実務で活かせるようにしましょう。

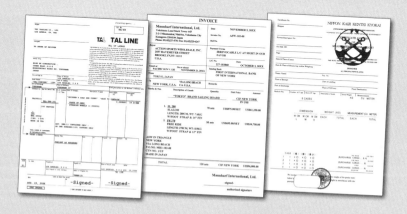

売買契約書（売契約の場合：CONTRACT OF SALES）

◎CONTRACT OF SALESは、売買契約の内容確認や事後のトラブル防止の役割を果たすために、売主（輸出者）が作成し買主（輸入者）に渡す売契約書のことです。この契約書に買主が署名すると「契約書」になります。

関わる人 ）輸出者 ⟶ 輸入者

【種類】

売買契約は、売主と買主との間で、申込みと承諾というお互いの意思表示の一致によって結ばれます。そして後日の証拠として売買契約の諸条件を明確にした書面を取り交わします。売買契約書には、特に決まった書式はなく、売主及び買主双方の取り決めによって、基本的に自社書式で作成されます。

契約書は、**取引のつど契約内容を表面にタイプする「タイプ条項」**と、**一般取引条件をあらかじめ裏面に印刷しておく「印刷条項」**の両面から成り立ちます。万一、「タイプ条項」と「印刷条項」の内容に矛盾が生じた場合は、「タイプ条項」が優先されます。

●「タイプ条項」→商品名、数量、船積条件、保険条件等、契約ごとの基本的条件が記載されています。

●「印刷条項」→「一般取引条件」といって、クレーム条項、準拠法条項(国際契約で適用される法律のこと)、仲介条項等、継続的取引に必要な事項が印刷されています。

【契約書の名称（表題）】

売契約の場合	買契約の場合
SALES NOTE	PURCHASE ORDER
CONTRACT OF SALES	PURCHASE NOTE
CONFIRMATION OF ORDER	CONFIRMATION OF PURCHASE

売買契約書の例（売契約）

支払条件やその他の条件についても、きちんと確認しましょう。

CONTRACT OF SALES

Blue KK Corporation as Seller hereby confirm the sale to undermentioned Buyer of the following goods (the "Goods") on the terms and conditions given below INCLUDING ALL THOSE PRINTED ON THE REVERSE SIDE HEREOF, which are expressly agreed to, understood and made a part of this Contract :

THE BUYER: 輸入者	DATE: 日付	NO.:
MESSRS.		

商品及び品質

ORDER NO.:

数量　　単価　　金額

| COMMODITY & QUALITY | QUANTITY | UNIT PRICE | TOTAL AMOUNT |

TERMS OF DELIVERY

MARKING
荷印

貨物の引き渡し条件

TOTAL:

TRANSSHIPMENT:　　　　　　　　積出港

PARTIAL SHIPMENT:　　　　　　荷揚港

PORT OF SHIPMENT:　　　　　　船積時期

PORT OF DESTINATION:　　　　検査

TIME OF SHIPMENT:　　　　　　梱包

INSPECTION:　　　　　　　　　保険

PACKING:

INSURANCE:

PAYMENT:　　　　　　　　　　支払条件

OTHER TERMS AND CONDITIONS:

その他の特別条件

ACCEPTED BY:　　　　　　署名欄

(Buyer)　　　　　　　　　　　　　(Seller)

Please sign and return one copy.

インボイス(Invoice：I/V)

役割 ◎関税法上では「仕入書」と呼ばれ、船積書類の中でも最も重要な書類の1つ。インボイスは、輸出者が輸入者宛てに送る貨物の出荷案内書であり、輸出明細書、代金請求書、ときには梱包明細書の機能を持つ書類です。

関わる人 輸出者 ━━▶ 輸入者

【記載事項】

❶輸出者名…インボイス作成者の名前。　❷インボイス作成日

❸インボイス番号…パッキングリストと同じ番号を記入。　❹輸入者名

❺支払い条件…ここでは、取消不能信用状にもとづく一覧払手形。

❻信用状番号及び発行日　❼信用状発行銀行

❽本船名…「Shipped Per」という記載の場合もある。　❾船積港　❿荷揚港

⓫商品名…信用状取引の場合には、信用状の商品名と一致することが重要。

⓬建値…通貨や値段に関する貿易条件。インコタームズ条件で記載されるのが一般的。

【商業送り状以外のインボイス】

●「領事送り状(Consular Invoice)」…輸出国に駐在する輸入国領事が、インボイスに記載した金額や数量等の内容が正確であることをインボイスに査証した送り状のことです。

●「税関送り状(Customs Invoice)」…輸出者が、輸出品が適正な課税価格で決定されている(ダンピングされていない)ことを輸入地の税関に対して証明するために作成された送り状のことです。

 One Point Advice
「インボイス」と「信用状」

信用状取引の場合は、インボイスは船積書類として必ず信用状にて要求されます。そのため、インボイス上の商品名は、信用状と一致していなければなりません。

インボイスの例

信用状と内容が一致しているかどうかをチェックしましょう。

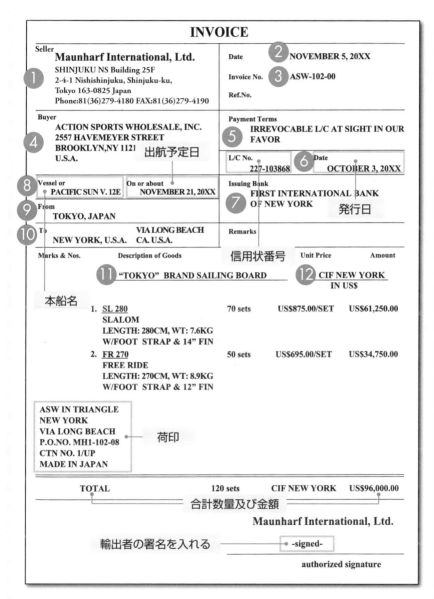

INVOICE

Seller

Maunharf International, Ltd.
SHINJUKU NS Building 25F
2-4-1 Nishishinjuku, Shinjuku-ku,
Tokyo 163-0825 Japan
Phone:81(36)279-4180 FAX:81(36)279-4190

Date　NOVEMBER 5, 20XX

Invoice No.　ASW-102-00

Ref.No.

Buyer
ACTION SPORTS WHOLESALE, INC.
2557 HAVEMEYER STREET
BROOKLYN,NY 1121
U.S.A.

出航予定日

Payment Terms
IRREVOCABLE L/C AT SIGHT IN OUR FAVOR

L/C No.　227-103868　　Date　OCTOBER 3, 20XX

Vessel or **PACIFIC SUN V. 12E**　On or about **NOVEMBER 21, 20XX**

Issuing Bank
FIRST INTERNATIONAL BANK OF NEW YORK

発行日

From **TOKYO, JAPAN**

To **NEW YORK, U.S.A.**　VIA LONG BEACH CA. U.S.A.

Remarks

信用状番号

Marks & Nos.	Description of Goods		Unit Price	Amount
	"TOKYO" BRAND SAILING BOARD		CIF NEW YORK IN US$	
本船名	1. SL 280 SLALOM LENGTH: 280CM, WT: 7.6KG W/FOOT STRAP & 14" FIN	70 sets	US$875.00/SET	US$61,250.00
	2. FR 270 FREE RIDE LENGTH: 270CM, WT: 8.9KG W/FOOT STRAP & 12" FIN	50 sets	US$695.00/SET	US$34,750.00

ASW IN TRIANGLE
NEW YORK
VIA LONG BEACH
P.O.NO. MH1-102-08
CTN NO. 1/UP
MADE IN JAPAN

荷印

TOTAL	120 sets	CIF NEW YORK	US$96,000.00

合計数量及び金額

Maunharf International, Ltd.

輸出者の署名を入れる　　-signed-

authorized signature

船積依頼書(Shipping Instructions:S/I)

役割

◎輸出者が海貨業者に貨物の通関及び船積みを依頼するとき
は、船積依頼書(S/I)を作成します。S/Iは所定の様式があ
るわけではなく、輸出者が独自に作成してもかまいません
(ただし、通常は海貨業者所定の書式を使用します)。

関わる人 　**輸出者 ⟶ 海貨業者**

【記載事項】

❶ **海貨業者名** ❷ **輸出者名**…荷送人の名前が入ります。

❸ **荷受人名**…担当者名が入ります。

❹ **着荷通知先**…貨物が届いた際の通知先です。

❺ **船会社名**…船積みを行う船会社名が入ります。

❻ **船腹予約番号及び予約日**…船会社名と船腹予約の詳細です。

❼ **積載船名** ❽ **船積港** ❾ **経由地** ❿ **荷揚港** ⓫ **到着予定日**

⓬ **運賃支払方法**…前払いもしくは後払い等が記載されます。

【注意点】

　S/Iには、**依頼作業の内容、貨物の情報、添付書類**等が記載されています。
信用状取引の場合には、信用状に記載されている条件(荷受人<コンサイニー Consignee>、
運賃支払い方法、着荷通知先<ノーティファイ パーティ Notify Party>、商品名、船積港、荷揚港等)
と表記が一致するよう、正確にS/Iを作成しなければなりません。

ココに注目!

運賃支払方法のチェックポイント

右ページ⓬のFreight欄にある運賃前払いには2種類あります。
①「Prepaid」はB/L(船荷証券)の原本に運賃を記載する方法。
②「Freight Prepaid as Arranged」はB/Lの原本に運賃を記載しない方法。
　「as arranged」というのは「約定どおり」という意味。船会社と運賃支払主間で
　決められた運賃を、相手先に知られないようにするための表記方法です。

船積依頼書の例

運賃の支払方法は、前払い、後払いのどちらかにチェックマークがついています。

船積依頼書

SHIPPING INSTRUCTIONS

Date *November 15, 20XX*

To ①	From ②

Invoice No.	L/C No.
	The Latest Shipping Date
	Expiry Date
Consignee ③	Notify Party ④
⑤ Shipping Company	Booking No.　　　　Date ⑥
Carrier ⑦	Freight ※
	☐ Prepaid（前払い）
⑧ Port of Loading　　　Date	☐ Freight Prepaid as Arranged ⑫
	☐ Collect（後払い）
Via ⑨	
⑩ Port of Discharge　　ETA ⑪	Loose｜Container｜CY/CY CY-CFS CFS-CY CFS-CFS

Marks & Nos.	No. of pkgs	Description of Goods	M3	Gross Weight
荷印	個数	商品名	容積	総重量

コンテナへの貨物の積み込み場所

On: 搬入日
To: 搬入場所
By: 搬入者

Vanning Place	Cargo Delivered
	On
	To
	By

Documents Attached	Org	Copy	Documents Required	Org	Copy
E/L No.			Bill of Lading		
Invoice			Measurement and Weight List		
Packing List			Certificate of Inspection		
Others					

添付書類 ── 原本の数 ─ 副本の数 ── 必要書類 ── 原本の数 ・ 副本の数

209

原産地証明書(Certificate of Origin:C/O)

役割

◎輸入しようとする商品の原産地がどこであるかを証明するために、輸入者の要求に従って作成するのが「原産地証明書」です。輸入国の法律や規則上必要になるためにこの書類が要求されるのです。

関わる人 輸出者 ⟶ 輸入者

【原産地証明書とEPAの原産地手続き】

　EPAの適用を受けるためには、取引の対象がEPA締約国の原産品であると判断されなければなりません。原産品であることを証明する手続きである「原産地手続き」では、おもに3つの方法があります。EPAではそれぞれ、次の3つの手続きのいずれか、または複数を採用しています。

● 第三者証明制度……原産地証明書の発給による方法。原産地証明書が必要となる

● 認定輸出者自己証明制度……原産地証明書に代えて認定輸出者（政府当局から自己証明ができる輸出者として認定を受けた者）が、原産品であることの申告文を記入して行う方法

● 自己申告制度……輸入者等当事者が、原産品である旨の申告書を提出する方法

【注意点】

　日本での原産地証明書は、全国各地の商工会議所が発給し、**日本商工会議所の定める統一様式を使用**します。その際、原産地証明書の発給材料として、インボイスなどを添付しなければなりません。

　なお、輸出者は、原産地証明書の下にある「輸出者宣誓欄（Declaration by the Exporter）」に記載内容が真実である旨を誓う署名を行います。

One Point Advice
申請の際に必要なもの

◎証明発給申請書（証明依頼書）
◎商業インボイス（商工会議所へ登録済みの署名者の肉筆サイン入りのもの）
◎商品や原産国を確認できる書類（商品のカタログや写真、輸出申告書等）

原産地証明書の例

関税率の確定のために使用されたり、信用状取引でも要求されます。

1.Exporter (Name, address, country) **輸出者名** **（国名及び住所）** 輸出者の名前	CERTIFICATE OF ORIGIN issued by Chamber of Commerce & Industry Tokyo, Japan
2.Consignee (Name, address, country) **荷受人名** **（国名及び住所）** 運送した貨物を受け取る人の名前	Print ORIGINAL or COPY
	3.No,and date of Invoice **インボイス番号及び発行日** **インボイスの詳細が記されています**
	4.Country of Origin **原産国名** 輸入する貨物の原産地
5.Transport details **運送詳細** 船積地・仕向地・船積日等を記載します	6. Remarks **摘要**

7.Marks,numbers,number and kind of packages; description of goods　　　　　8.Quantity

荷印・番号・梱包の種類・個数・　　　　　　　　　　　**数量**
商品名等の記載欄

輸出者宣誓欄　　宣誓日・輸出者の署名・輸出者名を記載します

| 9.Declaration by the Exporter
The undersigned, as an authorized signatory, hereby that the above-mentioned goods were produced or manufactured in the country shown in box 4.

宣誓日

Place and Date:Tokyo

(signaler)

(Name)　　**輸出者の署名** | 10.Certification
The undersigned hereby certifies, on the basis of relative invoice and other supporting documents, that the above-mentioned goods originate in the country shown in box 4 to the best of its knowledge and belief.

商工会議所　The Tokyo Chamber of Commerce & Industry
の署名

(No, Date, Signature and Stamp or Certifying Authority)

Certificate No. |

©The Japan Chamber of Commerce & Industry

書類

3章

原産地証明書

211

船荷証券（Bill of Lading：B/L）

役割

◎貨物が本船に船積みされると、船会社によりB/Lが発行されます。B/Lのおもな特徴は下記のとおりです。

◆船会社が貨物を受け取ったことを示す「貨物受取証」

◆貨物の引き渡し請求権を表す「有価証券」

◆船荷証券に裏書※することで貨物の所有権を譲渡できる「流通証券」

関わる人　船会社 ━━▶ 輸出者

【記載事項】

❶運送人名（船会社）　❷B/L番号　❸荷送人名（輸出者）

❹荷受人名…貨物の引き渡し請求権を持つ人です。

❺貨物の到着案内先…貨物が到着したときの運送人の連絡先です。

❻貨物の受取地…コンテナ船の場合は輸出地のCYまたはCFSです。

❼本船名　❽船積港　❾陸揚港

❿貨物引き渡し地…コンテナ船の場合は、輸入地のCYやCFSを記載します。

⓫貨物詳細欄　⓬B/Lの発行枚数（通常3通）

⓭B/Lの発行地及び発行日　⓮運送人の署名

⓯船積み年月日と本船の署名…On Board Notation＜船積証明＞といわれるものです。

【B/L入手の流れ（信用状取引の場合）】

　B/Lを受け取った輸出者は、輸入者にB/Lを送るために、輸出地側の買取銀行に、**B/Lを含む船積書類を「為替手形」と一緒に**呈示し、買取ってもらいます。このとき、B/Lを一緒に呈示しないと、買取銀行は輸出者に輸出代金を支払ってくれません。一方、輸入地の信用状発行銀行に送られてきたB/Lを、輸入者が入手するには、発行銀行で輸入代金の決済をする必要があります。そして輸入者は、発行銀行経由で受け取ったB/Lを船会社に呈示し、貨物を引き取ることができます。

船荷証券（コンテナ船の場合）の例

貨物の受け取り場所や引き渡し場所を確認しましょう。

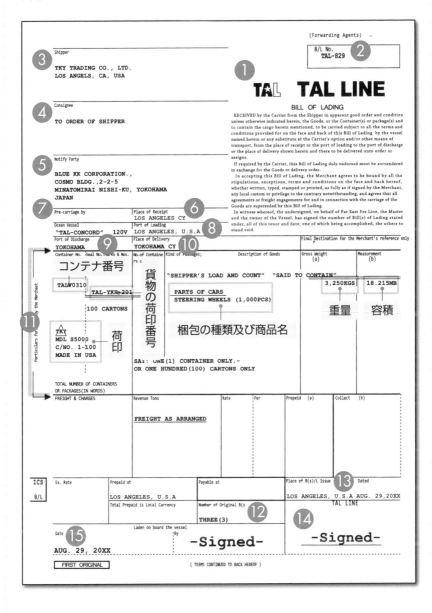

航空運送状（Air Waybill：AWB）

（役割）
◎混載業者が代表運送人の立場となり、各荷主の小口貨物に対し発行するのはハウス・エア・ウェイビル（House Air Waybill）です。AWBという表記でエア・ウェイビルと読みます。
◎航空会社（代理店）が混載業者に発行するのはマスター・エア・ウェイビル（Master Air Waybill）です。

（関わる人）　航空会社 ─→ 輸出者

【記載内容】

❶荷送人名…輸出者の住所及び氏名。
❷荷受人名…輸入者の住所及び氏名。信用状取引の場合は「信用状発行銀行」となります。
❸AWB発行貨物代理店名　❹出発空港　❺到着空港
❻貨物の到着案内先　❼料金の区分…運賃が前払いか後払いかを示しています。

【航空運送状の特徴】

●海上貨物の船荷証券と異なり、航空運送状には譲渡性、流通性がなく（Non-negotiable）、有価証券ではありません。
●船荷証券は一般的に、指図式（荷受人欄が"to order"または"to order of shipper"）で発行され、輸出者の白地裏書がされますが、航空運送状の場合は、**記名式**であり**受取式**です。また信用状付き取引の場合は、荷受人が「信用状発行銀行」となります。
●航空貨物に、万一何らかの事故が起こって、運送人に対して貨物の損傷などの補償を求めようとする場合に備え、事前に貨物の価格を運送人に申告することになっています。
　この申告は「Declared Value for Carriage」欄に金額を記載して行います。ここに記載された価格は、運送中の貨物の損傷に対する運送人の最高責任限度額となります。しかし通常は、この欄にNVDと記載します。NVDは無申告（NO Value Declared）という意味で、無申告と記載するのも申告の一種です。また無申告とした場合の運送人の貨物に対する責任額は、IATAの約款により、1kgあたりUS＄20.00が限度となります。

航空運送状の例

発行する業者によって、ハウス・エア・ウェイビルかマスター・エア・ウェイビルかが異なります（本書類はマスター・エア・ウェイビル）。

AIRPORT OF DEPARTURE		
SHIPPER'S NAME AND ADDRESS	SHIPPER'S ACCOUNT NUMBER	Not Negotiable **AIR WAYBILL** (AIR CONSIGNMENT NOTE)

① Copies 1,2,and 3 of this Air Waybill are originals and have the same validity.

It is agreed that the goods described herein are accepted in apparent good order and condition (except as noted) for carriage SUBJECT TO THE CONDITIONS OF CONTRACT ON THE REVERSE HEREOF THE SHIPPER'S ATTENTION IS DRAWN TO THE NOTICE CONCERING CARRIER'S LIMITATION OF LIABILITY. Shipper may increase such limitation of liability by declaring a higher value for carriage and paying a supplemental charge if required

CONSIGNEE'S NAME AND ADDRESS　CONSIGNEE'S ACCOUNT NUMBER

②

TO EXPEDITE MOVEMENT, SHIPMENT MAY BE DIVERTED TO MOTOR OR OTHER CARRIER AS PER TARIFF RULE UNLESS SHIPPER GIVES OTHER INSTRUCTIONS HEREON.

ISSUING CARRIER'S NAME AND CITY　ACCOUNTING INFORMATION ALSO NOTIFY

③

AGENT'S IATA CODE　ACCOUNT NO.

AIRPORT OF DEPARTURE(ADDR.OF FIRST CARRIER)AND REQUESTED ROUTING

④

貨物の金額を記載する欄。通常はNVDと記載される

TO　BY FIST　ROUTING AND DESTINATION　TO　BY　TO　BY　CURRENCY CHGS WT VAL PPD COLL OTHER PPD COLL　DECLARED VALUE FOR CARRIAGE　DECLARED VALUE FOR CUSTOMS

AIRPORT OF DESTINATION　Flight/Date　For Carrier Use Only　Flight/Date　AMOUNT OF INSURANCE　INSURANCE - if shipper requests insurance in accordance with conditions on reverse hereof, indicate amount to be insurance in figures in box marked "amount of insurance"　TC

⑤

HANDLING INFORMATION

⑥

NO.OF PIECES RCP	GROSS WEIGHT	KG LB	RATE CLASS / COMMODITY ITEM NO.	CHARGEABLE WEIGHT	RATE / CHARGE	TOTAL	NATURE AND QUANTITY OF GOODS (INCL.DIMENSIONS OR VOLUME)

運賃重量　**航空重量**

商品名

PREPAID：前払い、COLLECT：後払い

⑦ PREPAID　WEIGHT CHARGE　COLLECT　OTHER CHARGES

VALUATION CHARGE

TAX

TOTAL OTHER CHARGES DUE AGENT　Shipper certifies that the particulars on the face hereof are correct and that insofar as any part of the consignment contains dangerous goods, such part is properly described by name and is in proper condition for carriage by air according to the applicable Dangerous Goods Regulations

TOTAL OTHER CHARGES DUE CARRIER

Shignature of Shipper or his Agent

TOTAL PREPAID　TOTAL COLLECT　EXECUTED ON

CURRENCY CONVERSION RATES　CC CHARGES IN DEST.CURRENCY　(Date)　(Time)　at　(Place)　Signature of issuing carrier or its agent

FOR CARRIERS USE ONLY AT DESTINATION　CHARGES AT DESTINATION　TOTAL COLLECT CHARGES

保険証券(Insurance Policy：I/P)
インシュアランス　ポリシー　アイ　ピー

役割
◎貨物海上保険証券は、貨物に将来発生するかもしれない損害に対して、てん補を約束した損害保険契約の一種。保険契約の成立及び内容を保証する証拠証券です。

関わる人 保険会社 ➡ 輸出者、輸入者

【特徴】
　保険会社が保険契約者に保険証券を発行します。また、貨物海上保険証券を裏書することによって**保険金請求権（保険証券上の保険金を受け取る権利）を譲渡**させることができます。通常、保険証券は2通発行されます。

【記載内容】
❶**被保険者**…保険金の支払いを受ける者の名前。
❷**保険金額**…貨物が損傷した場合に保険会社が支払う金額の最高限度額。通常、ＣＩＦ価格の110%となります。
❸**保険金支払地**…信用状取引で、輸出者に保険の付保義務がある場合には、輸入者が輸入地で保険金を請求できるように、保険金の支払地は輸入地が記載されます。
❹**保険条件**…付保する保険条件が記載されます。

【注意点】
　輸出者と輸入者のどちらが保険を付保するかは、インコタームズの貿易条件等で決まります。輸出者は、信用状を元に保険会社が発行した保険証券を十分にチェックすることが必要です。おもな確認事項は下記のとおりです。
◉**保険金額がL/Cで要求されているとおりの金額か。**
　（例：CIF価格の110%となっているか）
◉**保険内容がL/Cで要求されているとおりの条件か。**
　（例：ＡＬＬ ＲＩＳＫＳ＜全危険担保＞）
オール　リスクス
◉**保険証券の発行日がB/Lの発行日より前になっているか。**

保険証券の表面の例

保険金額や支払地、条件等をきちんと確認しましょう。

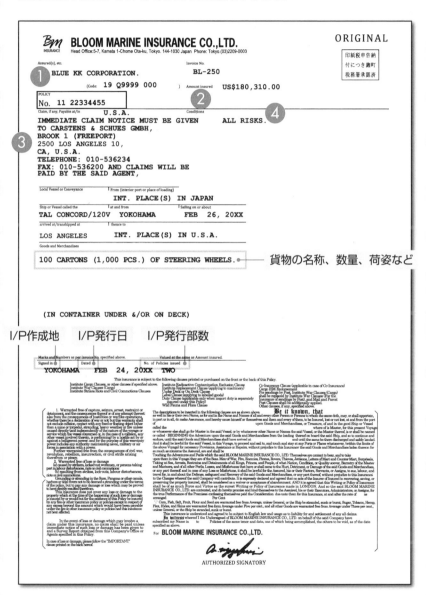

荷為替手形(Documentary Bill of Exchange)

役割

◎貿易取引においては、手形に貨物の船積書類(インボイス・船荷証券・保険証券等)が添付されることから、「荷為替手形」と呼ばれています。

関わる人 振出人(輸出者)──→ 輸入者・信用状発行銀行

　輸出者は船積みが終了すると、輸出代金を回収するために、「荷為替手形」を振り出し(輸出者が為替手形を作成すること)、銀行に持ち込みます。

【特徴】

　荷為替手形は、郵送中の紛失に備えて、第1券「First of Exchange」及び第2券「Second of Exchange」の**2通1組の組手形**で振り出されます。いずれかの一方の手形で支払いがされ、それが有効になれば、他方は無効になります。

【「一覧払い手形」と「期限付き手形」】

●一覧払い手形→一覧払いとは、手形の支払人が手形を一覧したときに(at sight)手形代金を支払うことです。実際の手形上では「At＿＿＿＿＿＿ sight」の点線部分に××××を埋めることによって「At sight(一覧で)」と表示します。

●「期限付き手形」→手形の支払人が手形の一覧後、支払期日までの一定期間が猶予された手形のことです。実際の手形上では、たとえば30日間の支払猶予を与える場合、「At 30 days after sight(一覧後30日で)」というように表示します。

信用状付き一覧払手形の例

数量はアラビア数字と、文字（アルファベット）の両方で記載されているので、一致しているかどうか確認をします。

> アラビア数字と文字の両方で記載されるのが通例で、手形の左上に数字で記載し、数字の改ざん防止のため、中央にも文字で記載（❶）します。両者に相違があれば、文字のほうが手形金額となります。

No._____　　　　BILL　OF　EXCHANGE

For U.S. $7,500.00　　　❶　　　　❷ TOKYO,_____

❸ At XXXXXXXX sight of this FIRST Bill of Exchange (SECOND of the same tenor and date being unpaid) Pay to _____ ❹ _____ or order the sum of Dollars Seven Thousand Five Hundred Only in U.S. Currency ❺ Value received and charge the same to account of Luck Commercial Corporation, Los Angeles

❻ Drawn under BANK OF NYC, Los Angeles Irrevocable L/C NO.1234　　　dated july 1, 20XX

❼ To The BANK OF NYC
　　　234 Liberty St., Los Angeles
　　　CA U.S.A

❽ Hoso Electric Co., Ltd.
　　(Signed)
　　Manager

【記載内容】

❶ **手形金額**…アルファベットと数字の表記が一致しているかを確認します。

❷ **手形の振出地及び振出日**　❸ **支払い期日**

❹ **手形金受取人**…手形の買取銀行のことです。Pay to（ペイ トゥ）の後に銀行名が入ります。

❺ **対価文言**…Value received（バリュー レシーブド）の後に輸入者名を記載します。

❻ **信用状発行銀行名**…信用状を発行した銀行の名前と日時等。

❼ **名宛人**…支払人及び支払地。　❽ **振出人**…売主（輸出者）及び署名。

書類

3章

荷為替手形

信用状発行依頼書
アプリケーション　フォー　イレボキャブル　ドキュメンタリー　クレジット
(Application for Irrevocable Documentary Credit)

 役割　◎貿易取引で支払条件が信用状決済の場合は、輸入者は自社の取引銀行に「信用状発行依頼書：Application for Irrevocable Documentary Credit」を提出し、信用状の開設（発行）を依頼します。

関わる人　信用状開設依頼人（輸入者）━━▶ 信用状発行銀行

　信用状は依頼すれば必ず開設されるものではありません。銀行は発行依頼者である輸入者の信用度（与信）を審査し、発行前に輸入者に各種約定書の提出を求めます。また、輸入者は発行銀行に信用状上で銀行が保証する金額と同等の担保を提供します。

【記載内容】
❶**信用状の通知方法**…該当する箇所に×印を記入。
❷**信用状発行依頼者の住所及び名前（輸入者）**　❸**信用状の有効期限**
❹**通知銀行**　❺**受益者の住所及び名前（輸出者）**
❻**信用状発行金額**　❼**呈示書類**…インボイス等の船積書類です。
❽**貿易条件**

【信用状通知の流れ】　①電信　②プレアド　③書留航空郵便

　①の「電信」は、船積みを急ぐ場合に**全文をケーブルで打電**してもらう方法です。②の「プレアド」はAir mail with brief preliminary cable Adviceのことで、輸出者が早急に船積みの準備をする必要がある場合に、信用状の**要点のみをケーブルで打電**して事前通知をし、後日、信用状原本を郵送する方法です。

信用状発行依頼書の例

信用状発行依頼書の一般的な形式です。銀行名や発行金額等を確認しましょう。

輸入信用状発行依頼書

Yokohama Bank.Ltd

銀行使用欄	L/C No.	
	発行日	

先に差入済の商業信用状約定書ならびにこれに付随する各約定書の条項に基づき、下記の取消不能信用状の発行と受益者に対する通知を依頼します。該当する□内には × 印を、不要箇所は抹消、アンダーライン部分は必要に応じ記入します。

1　　信用状通知方法ならびに内容

① ☒ AIRMAIL　□ AIRMAIL WITH BRIEF PRELIMINARY CABLE ADVICE　□ FULL CABLE

APPLICANT' S NAME AND ADDRESS　　　　**②**

BENEFICIARY' S NAME AND ADDRESS　**⑤**

ADVISING BANK　　**④**

CREDIT AMOUNT　**⑥**

③　EXPIRY DATE OF CREDIT　|　LATEST DATE FOR SHIPMENT

PARTIAL SHIPMENTS　　TRANSHIPMENT
□ALLOWED □PROHIBITED　　□ALLOWED □PROHIBITED

CREDIT AVAILABLE WITH
□BY SIGHT PAYMENT □BY ACCEPTANCE □BYNEGOTIATION
□ DEFERRED PAYMENT AT

CONFIRMATION OF CREDIT TO THE BENEFICIARY
□ NOT REQUESTED　　□ REQUESTED

□AND BENEFICIARY'S DRAFT □AT SIGHT □AT _____

SHIPMENT FROM
　　　　　　TO

DRAWN ON YOU OR YOUR CORRESPON-
DENTS FOR ____ INVOICE VALUE

ACCOMPANIED BY THE FOLLOWING DOCUMENTS:

⑦

SIGNED COMMERCIAL INVOICE IN _____ INDICATING SALES CONTRACT NO. ____

MARINE INSURANCE POLICY OR CERTIFICATE IN DUPLICATE, ENDORSED IN BLANK, FOR 110% OF INVOICE VALUE COVERING INSTITUTE CARGO CLAUSES (ALL RISKS W.A. F.P.A.) INSTITUTE WAR CLAUSES AND INSTITUTE STRIKES RIOTS AND CIVIL COMMOTIONS CLAUSES _____

CLEAN AIR WAYBILL CONSIGNED TO _____
　　　BRANCH

AND MARKED FREIGHT: □ "PREPAID"　□ "COLLECT"　　NOTIFY : APPLICANT

FULL SET OF CLEAN ON BOARD OCEAN BILLS OF LADING

FULL SET OF CLEAN NEGOTIABLE COMBINED TRANSPORT DOCUMENTS
　　MADE OUT TO ORDER AND BLANK ENDORSED.
　　　AND MARKED FREIGHT : □ "PREPAID" □ "COLLECT"　　NOTIFY : APPLICANT

OTHER DOCUMENTS
　PACKING LIST IN
　CERTIFICATE OF ORIGIN IN

**該当するものに
チェックをつける**

　COVERING(brief description without excessive detail):

⑧　(TRADE TERMS)　FCA　CPT　CIP　FOB　CFR　CIF _____ (PLACE) _____

SPECIAL CONDITIONS:　　DRAFTS AND DOCUMENTS MUST BE PRESENTED WITHIN ____ DAYS AFTER THE DATE OF ISSUANCE OF THE TRANSPORT DOCUMENTS BUT WITHIN THE CREDIT VALIDITY.

ALL BANKING CHARGES OUTSIDE JAPAN ARE ACCOUNNT OF　:　□ BENEFICIARY
□ APPLICANT.
(INSURANCE IS TO BE EFFECTED BY APPLICANT/WITH) _____

THIS CREDIT IS SUBJECT TO UNIFORM CUSTOMS AND PRACTICE FOR DOCUMENTARY CREDITS, 2007 REVISION INTERNATIONAL CHAMBER OF COMMERCE PUBLICATION No.600

信用状（Letter of Credit：L/C）

◎「銀行」を介入させた信用状を用いることで、輸出者の代金回収リスクを回避し、安全な貿易取引が可能になります。輸出者は売買契約時に取引条件として輸入者に信用状の発行を義務づけることで、安心して代金回収を行えます。

関わる人 輸入者 ⟶ 発行銀行 ⟶ 通知銀行 ⟶ 輸出者

【特徴】

信用状取引において、「手形」とは「荷為替手形」を意味します。信用状取引と組み合わせることで、輸出者は前払いでもなく、後払いでもなく、商品の出荷とほぼ同時に代金を受領することができるという利点があります。このため、信用状上では、輸出者を「**受益者（＝Beneficiary）**」と表現します。

【定義】

信用状（Letter of Credit：L/C）とは

❶**輸入者の取引銀行である「信用状発行銀行」が**

❷**商品代金の受取人である「輸出者に対して」**

❸**輸出者が信用状条件どおりの書類を呈示することを条件に**

❹**「輸入者に代わって」**

❺**「代金の支払いを確約」した保証状です。**

【注意点】

「信用状取引契約」とその基となる「売買契約」とは全く異なるものです。つまり、基となる「売買契約」の履行や不履行は信用状取引には何ら影響を及ぼすことはありません。信用状取引と、売買当事者間の契約は別個のものであり、それぞれが独立した取引である点に注意しましょう。

One Point Advice
重要な役割を果たす信用状

信用状といった場合、一般的には取消不能信用状を示します。銀行をはじめ、関係する人全員の同意がなければ条件が変更できないため、取引におけるリスクを軽減できます。

取消不能信用状の例

取消不能信用状は、一旦発行されると条件を変更するのが難しいため、内容のチェックは入念に行いましょう。

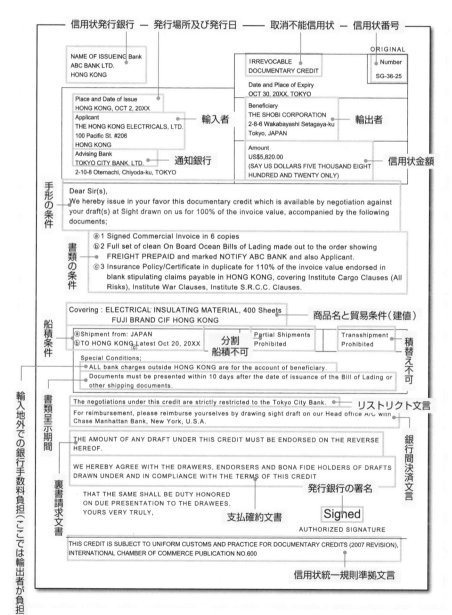

信用状発行銀行 — 発行場所及び発行日 —— 取消不能信用状 — 信用状番号

ORIGINAL

NAME OF ISSUEING Bank
ABC BANK LTD.
HONG KONG

IRREVOCABLE
DOCUMENTARY CREDIT

Number

SG-36-25

Date and Place of Expiry
OCT 30, 20XX, TOKYO

Place and Date of Issue
HONG KONG, OCT 2, 20XX

Applicant
THE HONG KONG ELECTRICALS, LTD.
100 Pacific St. #206
HONG KONG

輸入者

Beneficiary
THE SHOBI CORPORATION
2-8-6 Wakabayashi Setagaya-ku
Tokyo, JAPAN

輸出者

Advising Bank
TOKYO CITY BANK, LTD.

2-10-8 Otemachi, Chiyoda-ku, TOKYO

通知銀行

Amount
US$5,820.00
(SAY US DOLLARS FIVE THOUSAND EIGHT
HUNDRED AND TWENTY ONLY)

信用状金額

手形の条件

Dear Sir(s),
We hereby issue in your favor this documentary credit which is available by negotiation against your draft(s) at Sight drawn on us for 100% of the invoice value, accompanied by the following documents;

書類の条件

ⓐ 1 Signed Commercial Invoice in 6 copies
ⓑ 2 Full set of clean On Board Ocean Bills of Lading made out to the order showing FREIGHT PREPAID and marked NOTIFY ABC BANK and also Applicant.
ⓒ 3 Insurance Policy/Certificate in duplicate for 110% of the invoice value endorsed in blank stipulating claims payable in HONG KONG, covering Institute Cargo Clauses (All Risks), Institute War Clauses, Institute S.R.C.C. Clauses.

Covering : ELECTRICAL INSULATING MATERIAL, 400 Sheets
FUJI BRAND CIF HONG KONG

商品名と貿易条件(建値)

船積条件

ⓐ Shipment from: JAPAN
ⓑ TO HONG KONG, Latest Oct 20, 20XX
ⓒ

分割
船積不可

Partial Shipments
Prohibited

Transshipment
Prohibited

積替え不可

Special Conditions:
・ ALL bank charges outside HONG KONG are for the account of beneficiary.
・ Documents must be presented within 10 days after the date of issuance of the Bill of Lading or other shipping documents.

輸入地外での銀行手数料負担(ここでは輸出者が負担)

書類呈示期間

The negotiations under this credit are strictly restricted to the Tokyo City Bank.

リストリクト文言

For reimbursement, please reimburse yourselves by drawing sight draft on our Head office A/C with Chase Manhattan Bank, New York, U.S.A.

THE AMOUNT OF ANY DRAFT UNDER THIS CREDIT MUST BE ENDORSED ON THE REVERSE HEREOF.

WE HEREBY AGREE WITH THE DRAWERS, ENDORSERS AND BONA FIDE HOLDERS OF DRAFTS DRAWN UNDER AND IN COMPLIANCE WITH THE TERMS OF THIS CREDIT

裏書請求文書

THAT THE SAME SHALL BE DUTY HONORED
ON DUE PRESENTATION TO THE DRAWEES.
YOURS VERY TRULY,

発行銀行の署名

支払確約文書

Signed

銀行間決済文言

AUTHORIZED SIGNATURE

THIS CREDIT IS SUBJECT TO UNIFORM CUSTOMS AND PRACTICE FOR DOCUMENTARY CREDITS (2007 REVISION), INTERNATIONAL CHAMBER OF COMMERCE PUBLICATION NO.600

信用状統一規則準拠文言

船積通知(Shipping Advice)

◎無事に船積みが完了したら、輸出者は輸入者に対して船積みが完了した旨を書面で伝えます。この通知書面を「船積通知：Shipping Advice」といいます。この船積通知は、輸入者にとって、個別予定保険から確定保険に切り替えるために必要です。

関わる人 　輸出者 ⟶ 輸入者

【特徴】

　ＦＯＢ（本船渡し条件）またはＣＦＲ契約（運賃込み条件）の場合、海上保険は輸入者が付保手続き（保険をかけるための手続き）をしなければなりません。そこで、輸出者はできるだけすみやかに**輸入者に船積通知を行う**必要があります。インコタームズ上では、この船積通知は輸出者の「義務」となっています。

　この船積通知によって輸入者は**貨物到着予定時期を知ること**ができます。また荷受け及び通関手続きの準備をするためにも重要な通知書です。

　なお、通知方法は、Ｌ／Ｃ（信用状）等であらかじめ船積通知の発行が要求されている場合を除き、電子メールやファックスで行うのが一般的です。

【記載内容】

❶**書面発行主**…輸出者の名前。　❷**発行日**　❸**船積通知先**…輸入者の名前。
❹**商品名** ❺**本船名** ❻**ETD**…出港予定日です。　❼**ETA**…到着予定日です。
❽**信用状番号** ❾**輸出者名**

　その他の記載として、船積みした商品の概要・数量・金額・輸入地での連絡先（支店または代理店）等を記載する場合もあります。

One Point Advice
船積通知上で使用する略語を覚えましょう！

ETD：Estimated Time of Departure…本船の出港予定日
ETA：Estimated Time of Arrival…本船の到着予定日

船積通知の例

ETDは出港予定日です。天候等により、日程が変わる場合もあります。

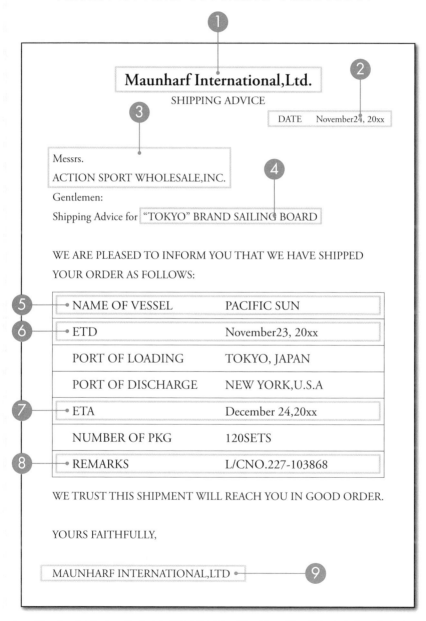

Maunharf International,Ltd.

SHIPPING ADVICE

DATE   November24, 20xx

Messrs.

ACTION SPORT WHOLESALE,INC.

Gentlemen:

Shipping Advice for "TOKYO" BRAND SAILING BOARD

WE ARE PLEASED TO INFORM YOU THAT WE HAVE SHIPPED
YOUR ORDER AS FOLLOWS:

NAME OF VESSEL	PACIFIC SUN
ETD	November23, 20xx
PORT OF LOADING	TOKYO, JAPAN
PORT OF DISCHARGE	NEW YORK,U.S.A
ETA	December 24,20xx
NUMBER OF PKG	120SETS
REMARKS	L/CNO.227-103868

WE TRUST THIS SHIPMENT WILL REACH YOU IN GOOD ORDER.

YOURS FAITHFULLY,

MAUNHARF INTERNATIONAL,LTD

貨物到着案内（Arrival Notice）
（アライバル　ノーティス）

役割

◎貨物の到着予定を知らせるための書類で、本船の入港予定等が記載されています。

◎輸入港の船会社から船荷証券（B/L）に記載されている着荷通知先（Notify Party）宛てに送付されます。
（ビー　エル）
（ノーティファイ　パーティー）

◎船会社に提出の義務はありませんが、取引をスムーズにするため、特にコンテナ輸送等の際に積極的に取り入れられています。

関わる人　運送人（船会社）　━━▶　通知先（輸入者）

Arrival Noticeは**本船が入港する数日前、または入港と同時**にファックスや郵便等で送付されます。

【記載内容】

到着予定日、貨物の搬入先、貨物の明細等が記載されます。

通常、通知先（Notify Party）は「輸入者」で、通知を受けた輸入者はすぐに荷受けや通関手続を開始します。

❶輸入者及び住所を記入する　❷船荷証券番号　❸船積港　❹荷卸港と到着日

❺貨物の明細　❻運賃支払い条件…ここでは前払い。

❼DDC…Destination Delivery Chargeといって、仕向港に到着したコンテナをコンテナ・ヤード（CY）の指定場所まで運ぶ費用のこと。
（デスティネーション　デリバリー　チャージ）
（シーワイ）

右ページの書類の場合、「1CNTR（＝Container）」あたり¥13,000。
（コンテナ）

【注意点】

「Freight Collect[※]（運賃着払い）」の場合には、運賃請求書（Freight Bill）をArrival Noticeの複写式コピーとして裏面に添えて送付することもあります。また、"Arrival Notice/Freight Bill"の表題で、貨物の到着案内に加え、海上運賃や諸チャージが精算できる書式も多く用いられています。
（フレート　コレクト）
（フレート　ビル）

　WORD ▶ Freight Collect：運賃着払いのこと。インコタームズのFCA、FOB条件など、海上運賃を貨物陸揚港で輸入者が支払う場合のB/Lには、運賃欄に「Freight Collect」と記載される。

貨物到着案内書類の例

貨物到着案内は、船会社から輸入者に送るものです。運賃の支払条件が前払い
か後払いかをチェックしましょう。

T&K Seaways,Ltd.
ARRIVAL NOTICE/FREIGHT BILL

Dear Sirs,
We notify you that the under-mentioned cargo is expected to arrive at port of discharge/destination followingly.Please take delivery of the same ship's arrival.We hereby notify you that the total amount of collectible freight & charges on the undermentioned cargo is as follows.

B/L NO.		To:CY,CFS.	
SHIP		VOY.NO.	PLACE OF RECEIPT
PORT OF LOADING		PORT OF DISCHARGE	ARRIVING ON
DESTINATION		ARRIVING ON	INLAND CARRIER'S NAME AT PORT OF DISCHARGE

CONTAINER NO. SEAL NO.	CNTR SIZE	KIND OF PKGS	PARTICULARS : MARKS & NUMBERS	FURNISHED	BY DESCRIPTION OF GOODS	SHIPPER	WEIGHT	MEASUREMENT

TOTAL NO.OF PKGS.	1 container	IN WORDS One Container Only	TOTAL:			
FREIGHT & CHARGES		RATE PER	AMOUNT OF FREIGHT & CHARGES PREPAID / COLLECT		REMARKS:
※Freight Prepaid					
DDC 1CNTR	¥13,000	CNTR		¥13,000,00	
空VAN返却先：				¥13,000,00	TOTAL AMOUNT OF COLLECTIBLE FREIGHT & CHARGES

American SEAS SHIPPING CO.,LTD

Note : This Delivery Order is issued subject to the terms and conditions of original Bill of Lading or Parcel Receipt.If cargo is loaded into a container by the shipper,carrier shall not be responsible for any discrepancies between the particulars furnished by the shipper and the actual contents.When cargo is delivered at CFS,the description in Column Containers shall be used only for carrier's reference.

ORIGINAL

サイン
―――――――――
AS AGENTS ONLY

227

補償状 (Letter of Indemnity：L/I)

◎船積書類が信用状上の条件と異なる場合、買取銀行は手形の買取りを行いません。その際に使うのが補償状です。

【関わる人】　輸出者 ⟶ 船会社

【特徴】

　輸出において、運送人(船会社)が貨物を引き受ける際、船に積み込んだ貨物に瑕疵(キズ)や数量不足があった場合、その旨がドック・レシート(D/R＜コンテナ船＞)やメイツ・レシート(M/R＜在来船＞)に記入されて船荷証券(B/L)にリマーク(故障摘要)がつきます。このリマークされたB/Lは、故障付き船荷証券(Foul B/L)といいますが、信用状にもとづく手形買取りの際には、買取りを拒絶されてしまいます。そこで、輸出者はこのリマークを消した**無故障船荷証券(Clean B/L)を発行してもらうために、運送人(船会社)に補償状(L/I)を提出**します。また、無故障船荷証券でなくても、船積書類の記載事項に誤りが見つかり、**信用状の要求事項と合致しない場合**も銀行は買取りに応じません。このような場合でも船会社にL/Iを提出します。

【記載内容】

❶L/I提出先…船会社の名前。　❷L/Iの作成地及び作成年月日　❸本船名

❹積出地　❺仕向地　❻船荷証券番号

❼訂正前の記載事項　❽訂正後の記載事項

❾注意書き…クレームに対して迷惑をかけない約束等の文言。

❿依頼人の署名

【注意点】

　補償状(L/I)を船会社に差し入れて書類上のリマークが消えたといっても、貨物の瑕疵等は残ったままです。したがって、貨物が輸入者に渡ったときに、トラブルが発生することが十分に予測されますので、**最初から不備のない貨物を出荷するように留意**すべきです。また実務上、L/Iに代えて、保証状(L/G)を代用するケースもあります。

補償状の例

荷送人から船会社に対して、商品のクレームがないことを申し入れるための文言❾に注目しましょう。

Maunharf International,Ltd.

Date & Place：_____ **2**

Letter of Indemnity

TO：TAL LINE **1**

DEAR SIRS,

RE： M.V. _____ **3**
VOY NO _____
4 FROM _____ TO _____ **5**
B/L NO. _____
6

WITH REFERENCE TO THE ABOVE-MENTIONED BILL(S) OF LADING,
WE WOULD REQUEST YOU TO AMEND AS FOLLOWS:

7 Originally made out   **8** To be amended to read

9
WE, THE UNDERSIGNED, DO DECLARE UNDERTAKE TO HOLD YOU
FREE AND HARMLESS FROM ANY CLAIM THAT MAY ARISE IN CONNECTION WITH
THE ABOVE-MENTIONED AMENDMENT(S) AND TO INDEMNITY YOU AGAINST ALL
CONSEQUENCES OF YOUR SO DOING.

YOURS FAITHFULLY,

印鑑

Maunharf International,Ltd.
10 *JIRO*
SHINJUKU NS Building 25F
2-4-1 Nishishinjuku, Shinjuku-ku,
Tokyo 163-0825 Japan

書類

3章

補償状

保証状(Letter of Guarantee：L/G)

◎船荷証券（B/L）よりも貨物が先に到着してしまった場合、貨物の引き取りに必要な書類です。

関わる人 輸入者 ⟶ 運送人（船会社）

【特徴】

　海上貨物は、通常、船荷証券（B/L）と引き換えに受け取りますが、最近は船の高速化で、近距離からの輸入の場合には、船荷証券よりも貨物のほうが先に到着してしまうことがあります。このような場合、輸入者は船会社からL/Gの用紙を交付してもらい、**B/Lなしで貨物を引き取ることができる**ように船会社に保証状(Letter of Guarantee：L/G)を差し入れます。

　なお、船会社はL/Gに銀行の連帯保証のサインを求めているため、輸入者は「輸入担保荷物引取保証に対する差入証」と、担保として約束手形を銀行に差し入れなければなりません。輸入貨物に対する決済が済んでいない段階では貨物の担保権は銀行にあるため、銀行は自己の所有物である貨物を引き渡すということになるからです。**銀行の連帯保証入りのL/G**によって、輸入者は船会社から貨物を受け取ることができます。そして後日、銀行経由でB/Lが到着したら、輸入者はこれを受け取って、船会社に預けてあるL/Gと交換し、L/Gを銀行に返却します。銀行は連帯保証日数（L/Gを船会社に預けていた期間）に応じた保証料を輸入者に請求します。

【定義と注意点】

　輸入者が船会社に差し入れる保証状（L/G）は、船会社に確約する下記内容で構成されています。

❶保証状(L/G)による貨物の引き取りにおいて、正当な権利者である

❷船荷証券(B/L)を入手した場合、遅滞なく船会社に提出する

❸一切の損害に対して、荷受人・銀行が単独または連帯して船会社に責任を負う

　L/Gは、原則的に、銀行が連帯保証した「Bank Guarantee」「Bank L/G」でなければなりません。

保証状の例

228ページで紹介した「補償状」とは役割が違うので、混同しないように注意しましょう。

Letter of Guarantee
Delivery without Bill of Lading

To 船会社名 _____ Date: L/G作成年月日

M.V. 船名 _____ Voy No. _____

at 到着港名 _____ on 到着日 _____

B/L No	船荷証券番号	Shippers	輸出者
Marks & Container No.s	荷印とコンテナ番号	Port of Shipment	船積港
		Port of Delivery	荷渡港
Description of Goods	商品名	Contact	海貨業者
Number of Packages	貨物の個数	Person Tel	担当者の電話番号
Remarks	Nil ●—— 「異常なし」の意味		

In consideration of your granting us delivery of the above mentioned goods and consigned to the undersigned, without presentation of Bill of Lading which has not yet been received by us, We hereby agree and undertake to surrender the said Bill of Lading duly immediately on obtaining, or at latest within one month after this date, and further guarantee to indemnify you against all consequences that may arise from your so granting us delivery, and to pay you on demand any freight and/or charges that may be due on the cargo.

We hereby certify that the Bill of Lading covering the above consignment is not hypothecated to any other bank or person. In the event of the said Bill of Lading being hypothecated to any other bank or person. We further guarantee to hold you harmless from all consequences whatever arising thereafter.

Yours faithfully,

_____
輸入者

B/Lなしで貨物を引き取りたいという内容

Signed

We, the undersigned, hereby join in the above indemnity and jointly and severally guarantee due performance of the above contract and accept all the liabilities expressed therein.

_____

銀行の連帯保証の署名 ——● Signed

輸出（許可・承認）申請書

◎輸出許可申請書は危険な物質の輸出を防ぐためのもので、輸出承認申請書は、貿易での国際収支の均衡を保つためのものです。経済産業省で定められた様式を使用します。

関わる人　輸出者 ⟶ 経済産業大臣

【輸出許可申請書】

　国際的な平和及び安全の維持を妨げることになると認められるものとして、政令で定める**特定の地域に危険な物質を輸出しようとする者は**、税関に輸出申告をする前までに、**経済産業大臣の輸出許可を受けなければなりません。**「危険な物質」を具体的にいうと、**化学兵器、大量破壊兵器開発用途に使用されるおそれのある貨物**等をさします。

　また、これらの貨物は経済産業省で定めた輸出品目を管理するためのリスト「輸出貿易管理令別表1」に掲げられています。万一これらの輸出許可申請をせずに輸出した場合は、3年以内の輸出取引禁止処分を受けることになります。

【輸出承認申請書】

　国際収支の均衡の維持、外国貿易及び国民経済の健全な発展等の目的達成のために、特定の貨物、特定の地域を仕向地とする貨物を輸出しようとする者は、税関に輸出申告をする前までに、経済産業大臣の輸出承認を受けなければなりません。

　具体的な対象品目及び地域は経済産業省で定めた「輸出貿易管理令別表2」に記載されており、**重要文化財、ワシントン条約※に規定されている絶滅のおそれのある野生動植物**等が該当します。

　万一これらの輸出承認申請をしないで輸出した場合、1年以内の輸出取引禁止処分を受けることになります。

輸出（許可・承認）申請書の例

経済産業大臣の「輸出許可」「輸出承認」を受けた場合には、税関長に輸出申告を行う際、このことを証明しなければなりません。

━ 品名や数量など必要事項を記入 ━

別表第一の三

根拠法規	輸出貿易管理規則第１条第１項第３号
主務官庁	経 済 産 業 省

輸 出 許 可 ・ 承 認 申 請 書

経済産業大臣殿

※許 可 ・ 承 認 番 号	
※有 効 期 限	

申 請 者
記名押印
又は署名＿＿＿＿＿＿＿＿＿＿＿＿＿＿ ● ━ 氏名・住所 ＿＿＿＿＿＿＿＿＿
住 所＿＿＿＿＿＿＿＿＿＿＿＿＿＿　電話番号＿＿＿＿＿＿＿＿＿＿＿＿

次の輸出許可・承認を外国為替及び外国貿易法第４８条第１項及び輸出貿易管理令第２条第１項第１号の規定により申請します。

取 引 の 明 細

(1) 買 主 名＿＿＿＿＿＿＿＿＿　住 所＿＿＿＿＿＿＿＿＿＿＿

(2) 荷 受 人＿＿＿＿＿＿＿＿＿　住 所＿＿＿＿＿＿＿＿＿＿＿

(3) 需 要 者（貨物を費消し、又加工する者）
＿＿＿＿＿＿＿＿＿　住 所＿＿＿＿＿＿＿＿＿＿＿

(4) 仕 向 地＿＿＿＿＿＿＿＿＿　経 由 地＿＿＿＿＿＿＿＿＿＿＿

(5) 商品内容明細

商 品 名	型及び等級	輸出貿易管理令		単 位	数 量	価 額	
		別表第１貨物番号	別表第２貨物番号			単 価	総 額
					計		計

(ただし、数量及び総額が＿＿＿＿＿％増加することがある。)

※許可・承認又は不許可・不承認

この輸出許可・承認申請は、
外国為替及び外国貿易法第４８条第１項
外国為替及び外国貿易法第６７条第１項
輸出貿易管理令第２条第１項第１号（及び第　　号）
輸出貿易管理令第８条第２項
の規定により

許可・承認	する。
許可・承認	しない。
次の条件を付して	許可・承認する。

条件

経済産業大臣又は税関長の記名押印

日 付＿＿＿＿＿＿＿＿＿＿＿＿＿

資 格＿＿＿＿＿＿＿＿＿＿＿＿＿

記名押印＿＿＿＿＿＿＿＿＿＿＿

輸入（承認・割当）申請書

役割

◎輸入貨物の中には、関税関係法令以外の法令（＝他法令）の規定に従って、輸入に際して許可や承認を必要とするものがあります。その場合、輸入申告や当該申告に関わる審査及び検査の際に、他法令の許可、承認等を受けていることを税関に証明し確認を受けなければなりません。

関わる人 輸入者 ➡ 経済産業大臣

【確認を要する場合】

●輸入割当…輸入公表第1号に掲げられた貨物（IQ品目）を輸入しようとする者は、経済産業大臣の輸入割当（Import Quota）を受けなければなりません。「輸入割当」とは貨物の数量制限のことで、ある特定の品目について、一定期間内に輸入し得る総枠を国内需要にもとづいて設定し、その範囲内で一定の輸入数量または輸入金額が割り当てられることです。

●輸入承認…輸入公表第2号に掲げられた貨物を輸入しようとする者は、**経済産業大臣の輸入承認**を受けなければなりません。特定の原産地または船積み地域からの特定貨物がこれに該当します。たとえば、原産地または船積み地域が中華人民共和国や台湾の該当品目を輸入する場合には、税関に申告する前に、経済産業大臣に輸入承認申請をしなければなりません。

【注意点】

経済産業大臣の輸入承認が必要にもかかわらず、輸入承認を受けないで輸入した者は、**最大1年間の輸入取引禁止処分を受ける**ことになります。また、輸入承認の有効期限は承認を受けた日から原則6ヵ月なので、この期間を経過するまでに輸入申告をしなければなりません（輸入割当の有効期間は4ヵ月）。

One Point Advice
IQ品目の例

身近な食品等では、にしん、帆立貝、貝柱、食用の海苔等の水産物があります。

輸入（承認・割当）申請書の例

IQ品目を輸入する場合には、輸入割当を受けた後、経済産業大臣の輸入承認が必要となります。

どちらかに丸をつける

別表第一
T2010

氏名・住所

輸入（承認・割当）申請書

| 根拠法規 | 輸入貿易管理規則 |
| 主務官庁 | 経済産業省 |

申請者名＿＿＿＿＿＿＿＿＿＿＿＿＿＿＿ 記名押印又は署名＿＿＿＿＿＿＿＿＿＿

住　所＿＿＿＿＿＿＿＿＿＿＿＿＿＿＿ 資　格＿＿＿＿＿＿＿＿＿＿＿＿＿＿＿

電話番号＿＿＿＿＿＿＿＿＿＿＿＿＿＿ 申請年月日＿＿＿＿＿＿＿＿＿＿＿＿＿

次の（△輸入の承認を輸入貿易管理令第4条第1項 △輸入割当てを輸入貿易管理令第9条第1項）の規定に基づき申請します。

I　申請の明細

1 関税率表の番号等	2 商品名	3 型及び銘柄	4 原産地	5 船積地域（船積港）	数量及び単位（金額）
					総額(US$)
備　考					

II　輸入割当て

※割当数量及び単位（割当額）	※証明書番号＿＿＿＿＿＿＿＿
	※期間満了日＿＿＿＿＿＿＿＿

※経済産業大臣の条件の付与又は特別の有効期間の設定

上記「I 申請の明細」欄中 [1] [2] [　] [　] の記載事項は、経済産業大臣の承認を受けなければ変更することができない。

III　輸入の承認

輸入割当証明書の日付及び番号

※承認番号＿＿＿＿＿＿＿＿＿＿＿＿　※延長後有効期間満了日＿＿＿＿＿＿＿

※有効期間満了日＿＿＿＿＿＿＿＿＿＿

※上記Iの輸入は、輸入貿易管理令第4条第1項の規定に基づき

| 承認する。 |
| 承認しない。 |
| 次の条件を付して承認する。 |

※条　件

経済産業大臣の記名押印（輸入割当て）　　経済産業大臣又は税関長の記名押印（輸入の承認）

日　付＿＿＿＿＿＿＿＿＿＿＿＿　　日　付＿＿＿＿＿＿＿＿＿＿＿＿

資　格＿＿＿＿＿＿＿＿＿＿＿＿　　資　格＿＿＿＿＿＿＿＿＿＿＿＿

記名押印＿＿＿＿＿＿＿＿＿＿＿　　記名押印＿＿＿＿＿＿＿＿＿＿＿

ドック・レシート(Dock Receipt:D/R)

◎ドック・レシートはコンテナ船において各オペレーターが海貨業者に発行する貨物受領確認書で、貨物を受け取った証となります。

関わる人 　海貨業者 ⟶ CY/CFSオペレーター

【特徴】

　コンテナ船への船積み時に、**海貨業者は通常8枚前後の複写式用紙(ドック・レシート:D/R)を作成**します。コンテナ船の船積みにはLCL (Less than Container Load) 貨物とFCL (Full Container Load) 貨物があります。海貨業者は、LCL貨物の場合は「CFSオペレーター」に、FCL貨物の場合は「CYオペレーター」にD/R全通を提出します。各オペレーターは、貨物または荷詰めしたコンテナを正常に受け取ったことを確認した上で、D/Rに署名し、海貨業者に返却します。D/Rは在来船の「本船貨物受取書(Mate's Receipt)」に相当するものです。

● **船会社と荷送人(Shipper)の責任の範囲を示す書類**で、オペレーターがD/Rに署名すると、船会社の運送責任が開始されます。

● 複数枚のD/Rの複写のうち、1枚が「船荷証券の引き換え用」になります。荷送人は、このD/Rと引き換えに船会社から船荷証券(B/L)の交付を受けます。このB/Lは、船会社が貨物を受け取ったことを示す受取式船荷証券(Received B/L)となります。

【記載内容】

❶荷送人名…輸出者の名前。　❷荷受人名　❸着荷通知先

❹荷受場所…FCL貨物の場合は「TOKYO CY」と記載。LCL貨物の場合は「TOKYO CFS」と記載。

❺船積港　❻荷卸港　❼荷受人への引き渡し場所

ドック・レシートの例

複写式になっているので、下の紙まで読めるよう筆圧を調整して書きましょう。

(Forwarding Agents)

Shipper

①

D/R No.

TAL LINE
DOCK RECEIPT
ORIGINAL	NON-NEGOTIABLE

Consignee

②

(1) Dock Receiptは発行するB/L単位で作成して下さい。
　貨物が数回にわかれて搬入される場合は最終の荷受の際D/Rを発行します。
(2) 作成の際は、ずれないようにセットし、所定位置にタイプして下さい。
(3) 記入しきれない場合、SUPPLEMENTARY SHEET
　を使用して下さい。
(4) 作成の際は、別紙記載要項をご参照下さい。
　　　　　　　ぬれ、折損等のないようお取扱い下さい。

Notify Party

③

Pre-carriage by	Place of Receipt	**④**	
Ocean Vessel　Voy.No	Port of Loading	**⑤**	
Port of Discharge	Place of Delivery		Final Destination (for the Merchant's reference only)

Container No.	Seal No. Marks & Nos.	No.of Containers or Pkgs.	Kind of Packages; Description of Goods	Gross Weight	Measurement
		⑥	**⑦**		

Particulars furnished by the Merchant

コンテナ貨物の明細を記入する

TOTAL NUMBER OF CONTAINERS
OR PACKAGES (IN WORDS)

FREIGHT & CHARGES	Revenue Tons		Rate	Per	Prepaid (a)	Collect (b)

Ex. Rate @	Prepaid at	Payable at	Place of B (s) /L Issue	Dated
	Total Prepaid in Local Currency	Number of Original B (s) /L		

下記にも記入願います。
他貨とCombineしてB/Lを作成する場合	1.B/L作成地（最終荷受地）	2.海貨業者	3.他貨品目

Export declaration No.	Service type on receiving	Service type on delivery	Inland carrier's name at port of discharge
	□CY：　□CFS：　□DOOR：	□CY：　□CFS：　□DOOR：	

Exceptions (at the time of receipt)	TYPE OF GOODS (貨物の種類)	□ Ordinary（普通） □ Liquid（液体）	□ Reefer（冷凍） □ Live animal（生動物）	□ Dangerous（危険品） □ Bulk（バラ積）	□ Auto（自動車） 	Reefer Temperaure required（冷凍温度） Dangerous Label　　　classification

Received by the Carrier the total number of containers or other packages or units stated above to be transported subject to the terms and conditions of the Carrier's regular form of (Combined Transport) Bill of Lading, which shall be deemed to be incorporated herein.

船主協会
統一
フォーム

For　Nippon Boueki Kaisha
(Singed)
as agent only

重量容積証明書
(Certificate and List of Measurement and/or Weight)

◎「重量容積証明書」は、通常「メジャー・リスト」と呼ばれています。この証明書に記載されている貨物の重量や容積が海上運賃の算定基礎となり、船荷証券（B/L）に記載されることになります。

関わる人 検量業者 ⟶ 輸出者

【特徴】

輸出者から船積依頼書（S/I）により輸出通関手続及び船積み手続を依頼された海貨業者は、**貨物が保税地域に搬入された後、貨物の種類・個数・荷印等を確認**します。

次に船会社が指定した公認の検定機関に貨物の検量を依頼します。この公認の検定機関である検量業者（Sworn Measurer）が、輸出者の依頼により発行します。

【船の種類と書類】

船の種類	記載方法
在来船	船会社が指定した検量業者が検量。重量・容積を未署名の船積指図書及びメイツ・レシートに記入して船会社に提出
コンテナ船（LCL貨物）	船会社が指定した検量業者が検量。重量・容積を未署名のドック・レシートに記載
コンテナ船（FCL貨物）	船会社が検量人を指定せず、輸出者自らが公認の検量人を依頼し、輸出者側でドック・レシートに重量・容積を記載

 おもな公認機関はどこ？

A 主要なところとしては、日本海事検定協会（https://www.nkkk.or.jp/）、新日本検定協会（https://www.shinken.or.jp/）等があります。

重量容積証明書の例

船積み時にどれだけの容量だったかを示す書類なので、輸送中に起こったトラブルの証明書となります。

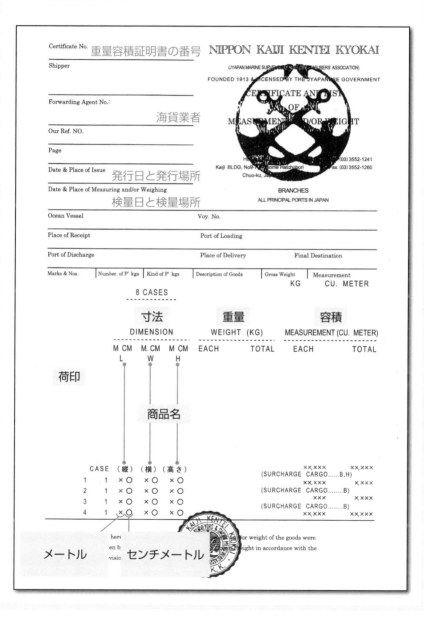

3章 *Chapter 2-9* | **その他の書類の形式**

コンテナ内積付表
コ ン テ ナ ロ ー ド プ ラ ン シ ー エ ル ピ ー
(Container Load Plan：CLP)

役割

◎輸出しようとする貨物がコンテナ内でどのように積み付けられているのか、貨物の明細を記載したものを「コンテナ内積付表（コンテナ・ロード・プラン：CLP※）」といいます。

関わる人

輸出者（海貨業者） ／ CFSオペレーター
シーエフエス
⟶ 船会社（CY/CFSオペレーター経由）
シーワイ

【特徴】

FCL貨物の場合は、荷主または代理人である海貨業者が作成しコンテナ・
エフシーエル
ヤード（CY）へ、LCL貨物の場合は、コンテナ・フレート・ステーション（CFS）
エルシーエル
のオペレーターが作成しコンテナ・ヤード（CY）へ貨物を持ち込みます。

【注意点】

コンテナ内積付表は、**コンテナ1本ごとに作成**されます。また、**貨物の正味重量**（Net weight）と**コンテナ自体の重量**（Tare weight）に分けて記入し
ネット ウェイト   テ ア
ます。

CLPの署名に関しては、FCL貨物の場合は、Shipper（荷送人、輸出者）
シ ッ パ ー
がコンテナ詰めを行うため、Shipperが署名します。一方、LCL貨物の場合は、
運送人である船会社がCFSでコンテナ詰めを行い、署名します。

【記載内容】

❶**船名・航海番号** ❷**荷受地**…貨物の荷受け地を記載します。

❸**積載港** ❹**荷卸港** ❺**荷渡地**

❻**コンテナ番号** ❼**コンテナの種類** ❽**シール番号**

❾**荷詰め、封印した者の署名**…担当者の署名が入ります。

 WORD ▶ CLP：コンテナ内積付表といわれるもので、コンテナ内に積載された貨物の明細を記載する。コンテナ1本ごとに作成される。

コンテナ内積付表の例

コンテナ1本ごとに作成されるので、コンテナごとに正味重量などをきちんと確認しましょう。

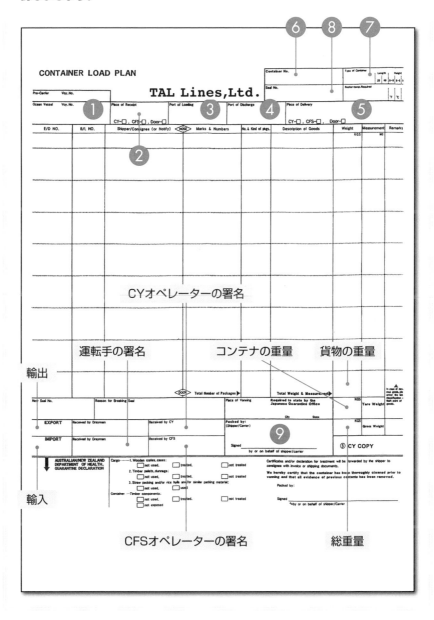

荷渡指図書（デリバリー オーダー ディー オー）（Delivery Order：D/O）

役割
◎荷渡指図書（D/O）は、船荷証券（B/L）と引き換えに受け取る書類で、貨物の引き渡しをD/Oの「宛先人」にそれぞれ指図するものです。

関わる人
海貨業者 ⟶ CY/CFSオペレーター：（コンテナ船）
　　　　　　船長：（在来船）

【特徴】

輸入者（代理で海貨業者）は貨物を受け取るために、船荷証券（B/L）を船会社に提出し、引き換えに荷渡指図書（Delivery Order：D/O）を受け取ります。

輸入者（代理で海貨業者）は、荷渡指図書（D/O）と輸入許可書を添えて貨物を受け取りにいきます。なお、荷渡指図書は、船荷証券（本冊P212）と異なり、**有価証券ではなく、単に貨物の引き渡しを指図しただけの指図書**です。

【記載内容】

❶船会社名　❷D/Oの宛先人…LCL貨物の場合はCFSオペレーター。
❸D/Oの作成年月日　❹荷受人…輸入者の名前。
❺貨物の詳細…商品名やB/L番号、重量等を記載します。

【注意点】

D/Oの宛先は、船舶の種類や貨物の荷揚げ・引き取り方法によって異なります。

船の種類	荷揚げ・引き取り形態	D/Oの宛先
在来船	自家揚げ（輸入者側の手配した荷役業者によって貨物を陸揚げする）	船会社が手配する荷役業者
	総揚げ（船会社自らの手配で貨物を陸揚げする）	船長
コンテナ船	CY引き取り（FCL貨物の場合）	CYオペレーター
	CFS引き取り（LCL貨物の場合）	CFSオペレーター

荷渡指図書の例

D/Oの書式は貨物を輸送した各船会社の所定のものを使用します。

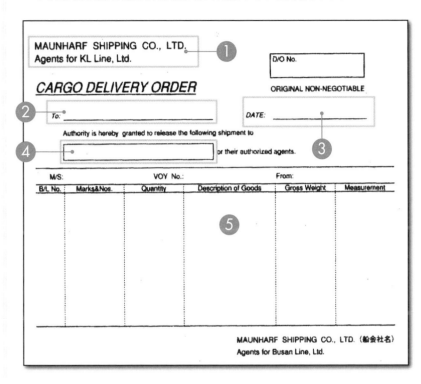

One Point Advice
航空貨物の引き取りの場合

船便では、有価証券である船荷証券を荷渡指図書に引き換えました。しかし、航空貨物で使われる航空運送状は有価証券ではないため、航空運送状を呈示する必要はありません。自社が航空運送状の荷受人欄に記載されている荷受人であることを証明すれば、貨物の引き取りが可能です。

一般的に信用状取引による航空貨物の引き取りの場合は、信用状発行銀行が荷受人となるため、リリース・オーダー（航空貨物引渡指図書）を航空会社（または代理店）に呈示します。このリリース・オーダーは、銀行が航空会社に宛てて、その銀行を荷受人として出荷されてきている貨物を、輸入者またはその指定した通関業者に引き渡すように指図するものです。

食品等輸入届出書

◎販売や営業上の使用を目的として輸入する食品・食品添加物・食器具・容器包装・おもちゃ等は、食品衛生法の規定により海空港を管轄する検疫所に「食品等輸入届出書」を提出しなければなりません。

関わる人 　輸入者 ⟶ 厚生労働大臣（検疫所経由）

【特徴】

　この届出書は基本的に、輸入貨物が保税蔵置場等に搬入された後に提出しますが、事前届出制度を利用することで、貨物到着の7日前から提出することができます。

　検疫所の食品衛生監視員は、提出された「食品等輸入届出書」の記載内容の書類審査を行い、**検査を必要とするものとしないものに区分けします。**もし現物検査が必要と判断されたら、検査項目や検査方法が決められます。検査を実施して何ら問題がなければ、合格証が交付され、その後の輸入申告時に提出します。

　一方、検査が必要と判断されない場合は、届出済の届出書を輸入申告時に提出します。

【注意点】

　書類の審査や検査の結果、食品衛生法にもとづいて定められた規格基準などに適合しないで**不合格と判断された場合は、積み戻しや廃棄**等の措置が取られます。

One Point Advice
添付書類が必要な品目

添付書類は、食品衛生法で定められている品目によって異なります。たとえば、生食用のカキを輸入する場合は、輸出国政府機関が作成した衛生証明書が必要になります。また、加工食品等ではじめて輸入される場合は、成分表（原材料及び添加物などの記載）がわかる商品説明書を検疫所に提出します。

食品等輸入届出書の例

国内法令で食料品等を輸入する際には、「食品等輸入届出書」の提出が義務付けられています。

食品等輸入届出書

氏名・住所を記入

厚生労働大臣　殿

輸入者の氏名及び住所(法人にあっては、その名称及び所在地)

届出受付番号	※1		氏　名	㊞
届 出 種 別	事前・計画輸入	住　所	
輸入者コード		(電話番号)	
生産国・コード		輸入食品衛生管理登録番号	
製造者名又は輸出者名、住所・コード	※2		
製造所名又は包装者名、住所・コード	※3		

食品等輸入届出コードを参照

積込港・コード		積込年月日	年　　月　　日
積卸港・コード		到着年月日	年　　月　　日
保管倉庫・コード		搬入年月日	年　　月　　日
		届出年月日	年　　月　　日
貨物の記号及び番号		事故の有無及び事故ある場合のその概要	無・有
船舶又は航空機の名称又は便名		提出者・コード	

1	貨物の別	食品・添加物・器具・容器包装・おもちゃ	継続	Y・N	衛生証明書番号	
品目コード					貨物が加工食品であるときは原材料・コード 貨物が器具、容器包装又はおもちゃであるときはその材質・コード	
品　名						
積込数量・コード						
積込重量		kg				
用途・コード					貨物が添加物を含む食品の場合当該添加物の品名・コード 貨物が添加物製剤の場合その成分・コード いずれの場合も食用の目的で使用されるものを除く	※4
包装種類・コード						※4
登録番号1						
登録番号2						
登録番号3						
貨物が加工食品であるときは製造又は加工方法・コード						

材料や材質を記入

備　考	届出済印

〈注意〉
※1の欄は、記入しないで下さい。
※2については、貨物が「加工食品」、「添加物」、「器具」、「容器包装」又は「おもちゃ」の場合はその製造者名を記入し、「加工食品以外の食品」の場合はその輸出者名を記入して下さい。
※3については、貨物が「加工食品」、「添加物」、「器具」、「容器包装」又は「おもちゃ」の場合はその製造所名を記入し、「加工食品以外の食品」の場合で、かつ、包装されている場合はその包装者名を記入して下さい。
※4の欄中、貨物が食品の場合の添加物の品名については、一般に食品として飲食に供されている物であって、添加物として使用されるものは規格基準が定められているものに限り、貨物が添加物製剤の場合の成分については、一般に食品として飲食に供されている物を除きます。輸入者の記名押印については、署名により代えることができます。

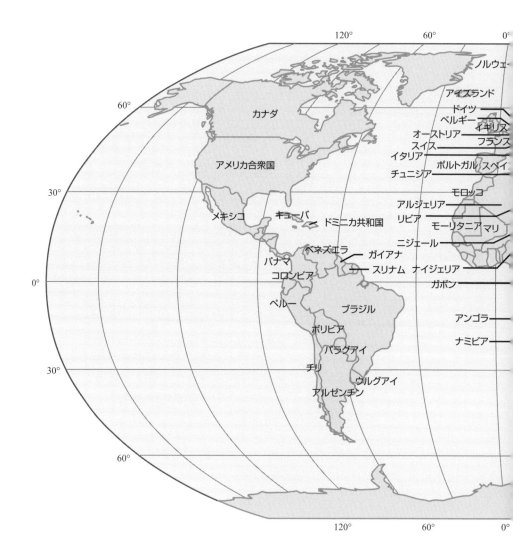

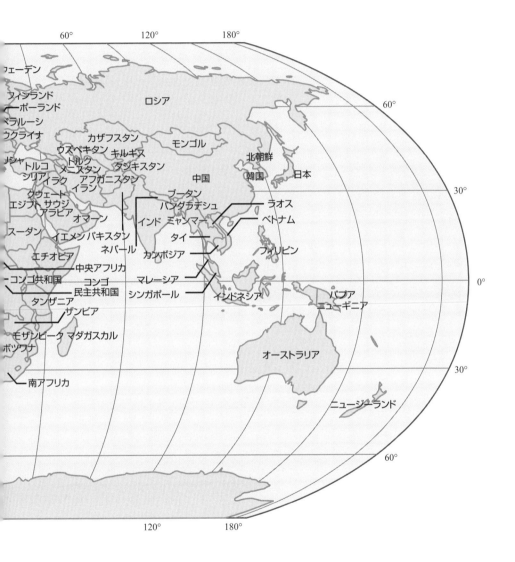

スウェーデン
フィンランド
ポーランド
ベラルーシ
ウクライナ
ロシア
60°
60°
120°
180°
カザフスタン
モンゴル
ウズベキスタン キルギス
トルク
メニスタン タジキスタン
ペルシャ
トルコ
シリア イラク アフガニスタン
中国
北朝鮮
韓国
日本
イラン
クウェート
ブータン
エジプト サウジ
アラビア
バングラデシュ
ラオス
オマーン
インド ミャンマー
ベトナム
スーダン
イエメン パキスタン
タイ
ネパール
カンボジア
フィリピン
エチオピア
中央アフリカ
コンゴ共和国
コンゴ
民主共和国
マレーシア
タンザニア
シンガポール
インドネシア
パプア
ニューギニア
ザンビア
モザンビーク マダガスカル
ボツワナ
オーストラリア
南アフリカ
ニュージーランド
30°
0°
30°
60°
120°
180°

247

さくいん

※黒数字は本冊のページ番号、青数字は別冊のページ番号になります。

さくいん

A
～
L

【参考文献】
『図解 貿易実務ハンドブック ベーシック版
「貿易実務検定®」C級オフィシャルテキス
ト第7版』（日本貿易実務検定協会®編／日
本能率協会マネジメントセンター）

著者紹介

片山 立志（かたやま たつし）

1952年生まれ。東京都出身。東京都民銀行などを経て、現在、株式会社マウンハーフジャパン代表取締役社長。日本貿易実務検定協会®理事長、嘉悦大学経営経済学部非常勤講師、早稲田大学エクステンションセンター非常勤講師などを務める。貿易・通関分野での企業研修講師としても活躍。金融法学会会員。主著は、『貿易実務ハンドブック』『通関士試験合格ハンドブック』『どこでもできる通関士・空欄記述式徹底対策』『図解よくわかる貿易実務入門』『絵でみる貿易のしくみ』（日本能率協会マネジメントセンター）、『グローバル・マーケティング』（税務経理協会）など多数。

〒163-0825
東京都新宿区西新宿2-4-1　新宿NSビル25階
TEL：03-6279-4180　FAX：03-6279-4190
URL：https://www.mhjcom.jp/

「貿易実務検定®」モバイルサイト

「EPA ビジネス実務検定」

編集：有限会社ヴュー企画
イラスト：高橋なおみ
本文デザイン：有限会社PUSH
企画・編集：成美堂出版編集部（原田洋介・今村恒隆）

本書に関する正誤等の最新情報は、下記のURLをご覧ください。
http://www.seibidoshuppan.co.jp/support/

上記アドレスに掲載されていない箇所で、正誤についてお気づきの場合は、書名・発行日・質問事項・氏名・郵便番号・住所・FAX番号を明記の上、**成美堂出版**まで**郵送**または**FAX**でお問い合わせください。お電話でのお問い合わせは、お受けできません。
※本書の正誤に関するご質問以外にはお答えできません。
※ご質問の到着確認後10日前後に、回答を普通郵便またはFAXで発送いたします。

図解 いちばんやさしく丁寧に書いた貿易実務の本

2024年8月20日発行

著　者　片山立志（かたやまたつし）

発行者　深見公子

発行所　成美堂出版
　　　　〒162-8445　東京都新宿区新小川町1-7
　　　　電話(03)5206-8151　FAX(03)5206-8159

印　刷　株式会社フクイン

©Katayama Tatsushi 2021　PRINTED IN JAPAN
ISBN978-4-415-32982-6

落丁・乱丁などの不良本はお取り替えします
定価はカバーに表示してあります

図解 いちばんやさしく丁寧に書いた
貿易実務の本 最新改訂版

まとめて確認！

2000年版・2010年版
インコタームズ&
貿易用語集

別冊

成美堂出版

図解　いちばんやさしく丁寧に書いた貿易実務の本

まとめて確認！
2000年版・2010年版インコタームズ＆貿易用語集

目　次

さまざまな貿易取引の形

直接貿易

商社や流通業者を介さないで、製品の小売業者、原材料・部品等の輸出入者が海外の製造業者等と直接取引する形態をいいます。

メリットは取引相手と価格や取引条件などを直接交渉し、**商社や流通業者などへの手数料が省ける**点。しかし、一方で品質や納期などのリスクを直接負担しなければならないデメリットもあります。

間接貿易

商社を介して行う貿易を間接貿易といいます。直接貿易のように直接、貿易取引相手と交渉できないデメリットはありますが、豊富な貿易情報と経験を持つ商社は、商品を安く仕入れ、品質や納期も有利であることが多く、**価格交渉がしやすい**というメリットがあります。

並行輸入

ブランド品などの海外商品の輸入は、販売元との契約で独占的に輸入する権利を持つ輸入総代理店や総輸入販売店などが一手に輸入する形態が一般的です。しかし、日本の**輸入総代理店などを介さずに独自に輸入**する形態も、それが真正品である限り、可能です。これを並行輸入といいます。

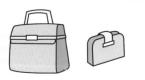

委託加工貿易

海外の受託者に原材料や部品などを提供して、それを受託者に加工させたり組み立てさせたりして、**でき上がった製品を輸入する**ことをいいます。また、委託者側からみる場合を逆委託加工貿易、受託者側からみる場合を順委託加工貿易と呼んでいます。

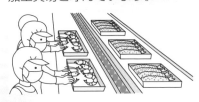

売主及び買主のさまざまな要請に応えるために、
取引形態が工夫されています。ここでは、代表的なものをみてみましょう。

開発輸入

外国製品を日本人のニーズや好みに合わせた品質やデザインなどの商品にするため、自社の仕様書にもとづいて、**海外の工場で委託生産や加工を行い、その製品を輸入**することをいいます。

OEM輸入

海外メーカーが独自の仕様にもとづいて製造した製品に、ある企業が自社のブランドをつけて製造してもらい、**自社ブランドとして販売**するために輸入することをいいます。

仲介貿易

海外の輸出者と海外の輸入者との貿易を**日本の業者が仲介**する取引のことをいいます。つまり、売買契約及び代金決済は輸出者と日本の仲介業者、輸入者と日本の仲介業者との間で交わされます。商品である貨物は輸出者から輸入者へ直接輸出されます。

逆輸入

日本の自動車メーカーがよく使っている方法で、ある国内メーカーAが海外にある**自社工場で製造した製品をそのメーカーAが国内で販売するために輸入**することをいいます。また、本来の意味として、あるメーカーBが海外マーケティングのために輸出した製品を、Bと関係がない商社Cが国内販売するために再輸入するというようなときにも使う言葉です。

貿易に関する数量単位とサイズ

数量単位としてどのような基準を用いるかは、貿易取引における基本的打ち合わせ事項の一つです。数量基準は商品の種類及びそれぞれの市場の慣習によってさまざまです。

基本単位と主な特殊単位は次のようなものがあります。

（1）基本単位

長さ	1尺	=0.303m
	1yd（ヤード）	=0.914m
	1ft（フィート）	=0.305m
	1in（インチ）	=0.0254m
	1chain（チェーン）	=20.117m
	1mile（マイル）	=1,609.344m
質量	1貫	=3.75kg
	1lb（ポンド）	=0.45kg
	1oz（常用オンス）	=0.0284kg
	1short t（米トン・軽トン）	=907.185kg=2,000lb
	1long t（英トン・重トン）	=1,016.05kg=2,240lb
	1metric t（仏トン・メートルトン）	=1,000kg=2,204.6lb
体積	1升	=1,804ℓ
	1yd³（立方ヤード）	=765ℓ
	1gal US（米ガロン）	=3.785ℓ
	1gal UK（英ガロン）	=4,546ℓ
	1fl oz US（米液量オンス）	=0.0295ℓ
	1fl oz UK（英液量オンス）	=0.0284ℓ
面積	1坪	=3.306m²
	1a（アール）	=100m²
	1A（エーカー）	=4,046.86m²
	1sft（スクエアフィート）	=0.0929m²
温度	1℃（セ氏温度） 計算式°F＝9/5×℃＋32	=33.8°F（力氏温度）

（2）特殊単位

対象品目	主として用いられる単位
木材	南洋材：1cubic feet＝1cft（立方フィート） 　　　　　　　＝0.0283m³ 米国・カナダ・ロシア材：1cubic meter＝1m³
石油	1barrel（バーレル）≒159ℓ＝42gal US 米国で取り決めたものが一般的に使用される。
穀物	1bushel UK（英ブッシェル）＝36.368ℓ 1bushel US（米ブッシェル）＝35.239ℓ
砂糖	1picul（ピクル）＝60kg ただし、中国・マレー半島60.48kg、インドネシア61.76kg、フィリピン63.25kgなど、地域により多少異なる。
羊毛	1俵（オーストラリア）＝300lb（脂付羊毛） ただし、現在はラージパッケージが増えて、平均175kg前後。

小麦粉	1袋＝25kg		
綿花	米綿・オーストラリア綿：1俵≒500lb＝225kg エジプト綿：1俵≒720lb＝327kg インド綿・パキスタン綿：1俵≒370lb＝168kg 中国綿：1俵≒180lb＝82kg 国際綿花諮問委員会(ICAC)では、1俵＝480lb(218kg)で換算した俵数で示す方法を取っている。		

対象商品	主として用いられる単位		
糸類	重さ		生糸1俵＝60kg 綿糸1梱＝400lb
	太さ	恒重式	紡績糸に用いる。わが国は英国式。 綿糸1番手＝重さ1lbで長さ840ydのもの 　　　　　（1lbでX×840ydであればX番手） 麻糸1番手＝重さ1lbで長さ300ydのもの 　　　　　（1lbでX×300ydであればX番手）
		恒長式	生糸・人造繊維に用いる。 1denier(den、デニール)＝長さ450mで重さ0.05gのもの(9,000mでYgであればY den)
			1 tex(テックス)＝1,000mで1gのもの(1,000mでYgあればY tex) ISOでは、いろいろな太さの表示基準があり不便なことから、テックス法を定め、統一化を進めている。
板ガラス	1換算箱＝厚さ2mmで面積100sft＝9.29㎡　ただし、[実績]㎡の場合、厚さは問わない。		
宝石	1Ct（カラット）＝0.2g		
金	純金＝24K（カラット）		
紙	洋紙(平判製品)：1連＝1,000枚 板紙：1連＝100枚 和紙：1箱＝200枚		
雑貨類	個数を基準とする。 1個(piece)、ダース(dozen、12個)、グロス(gross、144個)等		

（3）コンテナサイズ

海上輸送の際に使われる代表的なコンテナ（ドライコンテナ）のサイズは以下のとおりである。

■20フィートコンテナ
寸法（外枠）：8ft×8.6ft×20ft （幅2.438m×高さ2.591m×長さ6.058m）
内容積：約33㎥
コンテナ積載目安：約27㎥

■40フィートコンテナ
寸法（外枠）：8ft×8.6ft×40ft （幅2.438m×高さ2.591m×長さ12.192m）
内容積：約68㎥
コンテナ積載目安：約57㎥

■40フィートHigh Cubeコンテナ（背高コンテナ）
寸法（外枠）：8ft×9.6ft×40ft （幅2.438m×高さ2.896m×長さ12.192m）
内容積：約76 ㎥
コンテナ積載目安：約65㎥

● 上記の「コンテナ積載目安」は、経験則を踏まえた実践的な目安として覚えておくと便利な数字である。本来のコンテナ容量（内容積）よりも小さいが、実務の場面においては、積み込むカートンの大きさによって隙間が生じるなどの理由で、通常は、容量いっぱいには積み込めないためである。
● 冷蔵コンテナや冷凍コンテナの場合もコンテナサイズとしては20フィート、40フィートが標準であるが、冷蔵・冷凍機が設置されていること、コンテナの内壁に断熱材が張られていることから、内容積、コンテナ積載目安は、ドライコンテナよりも若干小さくなる。
● 40フィートHigh Cubeコンテナには、日本国内輸送における通行ルートに制限があるため、内陸通関を検討している場合には注意を要する。

インコタームズ2010年版と 2020年版のおもな違い

◎2020年版では、D類型のDAT条件が削除され、DPU条件が加わりました。
◎2020年版でCIP条件の保険の補償範囲が変更されました。

作業の流れ 輸出者 ⟷ 輸入者

　2010年版と2020年版のインコタームズの2規則11条件では、条件の数に変更はありませんが、D類型の中身に変更があります。2010年版ではDAT、DAP、DDPという3つの条件がありましたが、2020年版でDAP、DPU、DDPの3条件に変わりました。これはDAT（Delivered At Terminal)がDPU (Delivered at Place Unloaded)に吸収されたことによります。

　DATは貨物の引渡し場所を「ターミナル」としていますが、DPUの引き渡しは任意の場所で行われます。DAPとDPUの違いは、引き渡しのタイミングです。DAPは「到着した運送手段の上で、買主の処分に委ねられたとき」が引き渡されたとされ、DPUは「到着した運送手段から荷卸しされた状態」で貨物が引き渡されます。荷卸し前に引き渡しがなされることから、条件の並び順はDPUより先にDAPがきます。

CIF条件及びCIP条件における保険の補償範囲の違い

　2010年版で、CIF及びCIPの売主（輸出者）の付保義務について「協会貨物約款の(C)条件相当」（2010年版）と明確化されました。

　さらに2020年版では、CIPについて、付保義務の範囲を「協会貨物約款の(A)条件の水準を満たす」保険保障を取得しなければならなくなりました。CIFについては「協会貨物約款の(C)条件相当」の現状が維持されました。

積込済みの付記のある船荷証券とFCA条件

　FCA条件の下での貨物の引き渡しは、貨物の本船船積み前に完了していることから、売主が運送人から積込済みの付記のある船荷証券を必ず取得できるかは定かではありません。

　そのため、「買主は、運送人に物品の本船積込み後に積込済みの付記のある船荷証券を発行するように指示し、売主は買主の指示に応じて積込済みの付記のある船荷証券を発行する義務を負う」（2020年版）と追加規定されました。

FCA、DAP、DPU、DDPの各規則における運送の手配

「貨物が売主から買主に運送される場合、当該貨物は第三者である運送人によること」（2010年版）だったものが、「第三者と運送契約を締結することを含めて、必要な運送を手配すればよい」（2020年版）と明記されるようになりました。これは、自己の運送手段を用いることが想定された規定です。

貨物の引渡し及び調達

EXW以外の条件で、「それぞれの条件に従って貨物を引き渡すこと、貨物を調達すること」（2020年版）と言及しています。

国内取引への適用

「国際及び国内売買契約の双方に適用可能」（2010年版）と規定され、2020年版でもインコタームズを国内取引に適用できるものとしています。

引き渡し場所の表記方法

2010年版インコタームズでは、引き渡し場所または港をできるだけ正確に特定することが推奨されています。この点は、2020年版インコタームズでも推奨されています。

インコタームズ2010年版・2020年版「D類型」

2010年版と2020年版インコタームズの2規則11条件で、変更のあったD類型の中身をまとめました。2020年版では、2010年版にあったDATが消滅し、これに代わってDPUが新設されました。

		インコタームズ2010年版			インコタームズ2020年版
D類型	DAT	**Delivered At Terminal** 「ターミナル持込み渡し条件」		DAP	**Delivered At Place** 「仕向地持込み渡し条件」
	DAP	**Delivered At Place** 「仕向地持込み渡し条件」	新 DPU	**Delivered at Place Unloaded** 「荷卸込持込み渡し条件」
	DDP	**Delivered Duty Paid** 「関税込み持込み渡し条件」		DDP	**Delivered Duty Paid** 「関税込み持込み渡し条件」

インコタームズ2000年版と 2010年版のおもな違い

◎インコタームズとは貿易条件の解釈基準のこと。最新版は 2020年版です。

◎2010年版は、D類型がDAT・DAP・DDPに変更されました。

作業の流れ 輸出者 ⟷ 輸入者

　現在は2020年に改訂されたインコタームズが最新版ですが、**何年版を使うかは取引当事者間の自由**となっているため、取引によっては2000年版や2010年版に準拠して行われる場合があります。ここでは2000年版と2010年版の違いについて解説しています。

2規則11条件へ

　2010年版は輸送手段により11条件を次の2つの規則に分けています。

①単数または複数の、さまざまな輸送手段に適した規則

EXW、FCA、CPT、CIP、DAT、DAP、DDPの7条件が該当し、船のみ、航空機のみ、車両のみ、あるいは船と車両等のような複合輸送も対象

②海上及び内陸水路のための規則

FAS、FOB、CFR、CIFの4条件が該当し、輸送手段を船舶に限定している

FOB、CFR、CIF条件における危険負担の分岐点

　2000年版で「本船舷側の欄干を通過した時」だったものが、2010年版では「本船の船上に置かれた時または引き渡された貨物を調達した時」に変更されました。

付保条件の明確化

　CIFやCIP条件での売主(輸出者)の付保義務について、2000年版では「協会貨物約款(ロンドン保険業者協会)または同種の約款の最小担保」だったものが、2010年版では「協会貨物約款の(C)条件相当」と明確化されました(貨物海上保険については本冊P122を参照してください)。

　また、付保義務の有無にかかわらず、保険付保に必要な情報を相手方に伝えることを「義務」と強く規定しています。必要な情報とは、保険の開始地(出荷倉庫等)や最終仕向地、積載船(機)名等のことです。

インコタームズ2000年版と2010年版の比較

2010年版では、2000年版のD類型にあった4条件が廃止され、新たにDATとDAPを加えた計11の規則で構成されました。さらに規則Ⅰと規則Ⅱに分類されています。

インコタームズ2000年版			インコタームズ2010年版			
E類型	EXW	Ex Works「工場渡し条件」	EXW	Ex Works「工場渡し条件」		規則Ⅰ
F類型	FCA	Free Carrier「運送人渡し条件」	FCA	Free Carrier「運送人渡し条件」		
	FAS	Free Alongside Ship「船側渡し条件」	FAS	Free Alongside Ship「船側渡し条件」		
	FOB	Free On Board「本船渡し条件」	FOB	Free On Board「本船渡し条件」		
C類型	CFR	Cost and Freight「運賃込み条件」	CFR	Cost and Freight「運賃込み条件」		規則Ⅱ
	CIF	Cost, Insurance and Freight「運賃・保険料込み条件」	CIF	Cost, Insurance and Freight「運賃・保険料込み条件」		
	CPT	Carriage Paid To「輸送費込み条件」	CPT	Carriage Paid To「輸送費込み条件」		
	CIP	Carriage and Insurance Paid To「輸送費・保険料込み条件」	CIP	Carriage and Insurance Paid To「輸送費・保険料込み条件」		
D類型	DEQ	Delivered Ex Quay「埠頭持込み渡し条件」	DAT	Delivered At Terminal「ターミナル持込み渡し条件」		規則Ⅰ
	DAF	Delivered At Frontier「国境持込み渡し条件」	DAP	Delivered At Place「仕向地持込み渡し条件」		
	DES	Delivered Ex Ship「本船持込み渡し条件」				
	DDU	Delivered Duty Unpaid「仕向地持込み渡し(関税抜き)条件」				
	DDP	Delivered Duty Paid「仕向地持込み渡し(関税込)条件」	DDP	Delivered Duty Paid「関税込み持込み渡し条件」		

規則Ⅰ：いかなる単数または複数の輸送手段にも適した規則
規則Ⅱ：海上及び内陸水路輸送のための規則

2000年版の4条件が廃止され、2010年版ではDATとDAPを追加

2000年版・2010年版 インコタームズの概要

◎何年版のインコタームズを使用するかは取引当事者間で自由に決められます。
◎2000年版・2010年版インコタームズではE、F、C、D型の4つに分類されています（2020年版も同様）。

作業の流れ 輸出者 ⟷ 輸入者

インコタームズは何年版かを確認する

　前頁で述べた通り、何年版を使うかは取引当事者間で自由に決められるため、実務では2000年版・2010年版インコタームズの知識も必要になります。2000年版と2010年版は、E、F、C、D型の4類型に分類されています。ただし、条件数は2000年版が13条件、2010年版が11条件と異なります（2020年版も11条件）。何年版のインコタームズであるのかを契約書上に明示するようにしましょう。

●インコタームズの分類

E類型 … 売主の指定施設（工場、倉庫等）での引き渡し条件

F類型 … 輸出地で船側、本船、または買主の指定した運送人への引き渡し条件

C類型 … 売主が輸入地までの運賃や保険料を負担するが、危険負担は輸出地で移転する条件

D類型 … 売主が目的地までの費用と危険を負担する条件

2010年版インコタームズ「D類型」

2000年版のD類型との違いを押さえる！

類型	条件	英語での呼称	日本語での呼称	輸送手段
D	DAT	Delivered At Terminal	ターミナル持込み渡し条件 （仕向港・仕向地における指定ターミナル）	海・空・陸
	DAP	Delivered At Place	仕向地持込み渡し条件 （指定仕向地）	海・空・陸
	DDP	Delivered Duty Paid	関税込み持込み渡し条件 （指定仕向地）	海・空・陸

2000年版インコタームズ

条件の名称、特徴、使用される輸送方法を一覧でまとめました。船は在来船による輸送、海はコンテナ船による輸送を意味します。

類型	条件	英語での呼称	日本語での呼称	輸送手段
E	EXW	Ex Works	① 工場渡し条件 売主の工場で貨物を引き渡す	海・空・陸
F	FCA	Free Carrier	② 運送人渡し条件 売主指定の場所で買主指定の運送人に貨物を引き渡す	海・空・陸
	FAS	Free Alongside Ship	③ 船側渡し条件 売主が本船の横につけるまでの費用を負担	船
	FOB	Free on Board	④ 本船渡し条件 売主が本船に積み込むまでの費用を負担	船
C	CFR	Cost and Freight	⑤ 運賃込み条件 売主が本船に積み込み、輸入港に到着するまでの運賃を負担	船
	CIF	Cost Insurance and Freight	⑥ 運賃・保険料込み条件 売主が本船に積み込み、輸入港に到着するまでの運賃と保険料を負担	船
	CPT	Carriage Paid to	⑦ 輸送費込み条件 売主がコンテナ貨物を運送人に渡し、輸入地までの輸送費を負担	海・空・陸
	CIP	Carriage and Insurance Paid to	⑧ 輸送費・保険料込み条件 売主がコンテナ貨物を運送人に渡し、輸入地までの輸送費と保険料を負担	海・空・陸
D	DAF	Delivered at Frontier	⑨ 国境持込み渡し条件 売主が指定の国境周辺地点での貨物引き渡し時までの運賃を負担	海・空・陸
	DES	Delivered Ex Ship	⑩ 本船持込み渡し条件 売主が輸入港までの運賃と保険料を負担	船
	DEQ	Delivered Ex Quay	⑪ 埠頭持込み渡し条件 売主が輸入港での貨物の陸揚げまでの運賃と保険料を負担	船
	DDU	Delivered Duty Unpaid	⑫ 関税抜き仕向地持込み渡し条件 売主は買主の指定場所までの運賃や保険料を負担	海・空・陸
	DDP	Delivered Duty Paid	⑬ 関税込み仕向地持込み渡し条件 売主は買主の指定場所までの運賃や保険料、関税費用も負担	海・空・陸

2000年版・2010年版 インコタームズ E、F類型

◎2000年版・2010年版インコタームズE、F類型では、売主が貨物引き渡しまで費用と危険リスクを負担します（2020年版も同様）。

作業の流れ　輸出者 ←→ 輸入者

2000年版・2010年版インコタームズE、F類型には4条件ある

　2000年版・2010年版インコタームズの条件のうち、E類型とF類型の4条件をみていきます。これらの条件では、**費用負担と危険負担が輸出地で同時に移転**します。貨物が引き渡されると、それ以降の費用負担は売主から買主に移転します。これは、2020年版のインコタームズでも同様です

インコタームズE、F類型の特徴

①EXW

輸出地にある売主の工場や倉庫等で貨物を引き渡す条件のことで、危険負担もこの時点で買主に移転する

輸送費や保険料、通関手続きは買主が負担するということになる

②FCA

運送人渡し条件のことで、売主が輸出通関手続きを済ませて、指定場所で買主の指定した運送人に貨物を引き渡し、危険負担もこの時点で買主に移転する（コンテナ船でのCYやCFSでの引き渡し、航空輸送に使用）

③FAS

船側渡し条件のことで、輸出港に停泊中の本船の側面に貨物をつけたときに、費用負担と危険負担が買主に移転する（一般的な貨物ではなく、木材等のような場合に使用）

④FOB

本船渡しのこと。売主が輸出港で貨物を船積みするまで費用負担と危険負担をし、それ以降は買主に移転する（在来船での輸送に該当）

別冊P14で紹介しているCIF条件と並んで、実務では慣習的にコンテナ船での取引にも使用されているが、正しくは在来船による場合に利用する条件

インコタームズの条件の危険負担移転時点

どの段階で売主から買主に危険負担が移るのか確認しましょう。

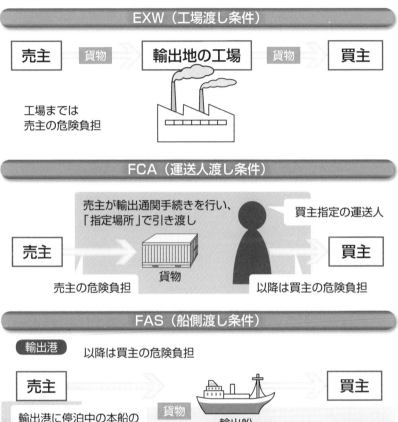

EXW（工場渡し条件）

売主 [貨物→] 輸出地の工場 [貨物→] 買主

工場までは
売主の危険負担

FCA（運送人渡し条件）

売主が輸出通関手続きを行い、
「指定場所」で引き渡し

買主指定の運送人

売主 → 貨物 買主

売主の危険負担　　　　以降は買主の危険負担

FAS（船側渡し条件）

輸出港　以降は買主の危険負担

売主　　輸出船　　買主

輸出港に停泊中の本船の
側面まで売主が危険負担　貨物

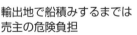

FOB（本船渡し条件）

輸出地で船積みするまでは
売主の危険負担

輸出港　以降は買主の危険負担　貨物

売主　　輸出船　　買主

輸出地で船積みするまでは
売主の危険負担

2000年版・2010年版 インコタームズ C類型

◎2000年版・2010年版ともにC類型は4条件です（2020年版も同様）。この場合、運賃または輸送費は輸出者が負担します。
◎危険負担がどの時点で輸出者から輸入者に移るかを確認しましょう。

作業の流れ 輸出者 ⟷ 輸入者

費用・危険負担は異なる時点で移転

　貿易条件の解釈基準である2000年版・2010年版インコタームズの条件のうち、C類型の4条件をみていきます。**C類型条件では、費用負担と危険負担の移転が同時点ではない**ことに注意してください。危険負担はFOB、またはFCAと同じですが、費用負担はFOBまたはFCAに輸入地までの国際間輸送運賃や保険料が含まれます。

①CFR（C&F）

本船積込み渡しにおける運賃込み条件のことで、一般的にC&Fとも表示される。輸入港までの運賃を売主が負担するが、危険負担の移転はFOBと同じく、貨物が本船の欄干を通過した時点となる（在来船での輸送に該当する）

②CIF

本船積込み渡しにおける運賃と保険料込み条件のこと。輸入港までの運賃と保険料を売主が負担するが、危険負担の移転はFOBと同じく、貨物が本船の欄干を通過した時点となる（在来船での輸送に該当する）

③CPT

運送人渡し条件における輸送費込み条件のことで、輸入地までの輸送費を売主が負担するが、危険負担はFCAと同じく運送人に引き渡したときに移転する（コンテナ船や航空輸送等の場合に使用される）

④CIP

運送人渡し条件における輸送費と保険料込み条件のことで、危険負担はFCAと同じく運送人に引き渡したときに移転する（コンテナ船や航空輸送等の場合に使用される）

2000年版・2010年版インコタームズの各条件について

危険負担の条件が同じインコタームズを並べたのでその他の条件もあわせて比較してみましょう。

FOB、CFR、CIF条件の比較表

	FOB （輸出港本船渡し） Free on Board	CFR （運賃込み本船渡し） Cost and Freight	CIF （運賃保険料込み本船渡し） Cost Insurance and Freight
条件の表示 方法（例示）	FOB 輸出港名	CFR 輸入港名	CIF 輸入港名
	FOB Yokohama	CFR Hong Kong	CIF Los Angeles
輸送費負担	輸入者負担	輸出者負担	
保険料負担	輸入者負担		輸出者負担
危険負担	輸出地の港で本船欄干を超えた時点で輸入者へ移転		
書類上の 運賃表示方法	FREIGHT COLLECT （運賃着払い）	FREIGHT PREPAID （運賃前払い）	
運送書類	転出地で発行		
保険証券	輸入地で発行	輸出地で発行	

FCA、CPT、CIP条件の比較表

	FCA （運送人渡し） Free Carrier	CPT （輸送費込み） Carriage Paid To	CIP （輸送費・保険料込み） Carriage and Insurance Paid To
条件の表示 方法（例示）	FCA 輸出港名	CPT 輸入港名	CIP 輸入港名
	FCA Tokyo	CPT New York	CIP London
輸送費負担	輸入者負担	輸出者負担	
保険料負担	輸入者負担		輸出者負担
危険負担	輸入者が指定した運送人に、 指定場所で貨物を引き渡した時点で輸入者へ移転		
書類上の 運賃表示方法	FREIGHT COLLECT （運賃着払い）	FREIGHT PREPAID （運賃前払い）	
運送書類	転出地で発行		
保険証券	輸入地で発行	輸出地で発行	

2000年版インコタームズ D類型

◎2000年版D類型には5条件あり、輸入地で売主から買主に
危険負担が転移するのが特徴です。
◎DDPはDDUと基本的に同じ、輸入地の工場等、持ち込む
条件で、関税の負担がプラスされます。

作業の流れ 輸出者 ⟷ 輸入者

費用・危険負担は輸入地で移転

2000年版インコタームズの13条件のうち、D類型の5条件をみていきます。**D類型の条件は、輸入地で費用負担と危険負担が移転します。**

①DAF
国境持込み渡し条件のことで、国境周辺の指定地で貨物の引き渡しがされ、危険負担が移転する

②DES
本船持込み渡し条件のことで、輸入港に到着した本船上で買主に貨物を引き渡し、その時点で費用負担と危険負担が買主に移転する

③DEQ
埠頭持込み渡しのことで、売主が輸入港の埠頭に貨物を陸揚げして買主に引き渡し、この時点で費用負担と危険負担が移転する条件。ただし通関手続きと関税納付は買主が負担

④DDU
関税抜き仕向地持込み渡しのことで、売主は輸入地の指定場所（倉庫、工場等）まで貨物を持ち込み、その時点で費用負担と危険負担が買主に移転する条件。ただし通関手続きと関税納付は、買主負担とする

⑤DDP
関税込み仕向地持込み渡しのことで、DDUの条件プラス通関手続きと関税納付も売主が負担する条件のこと

2000年版インコタームズD類型の各条件

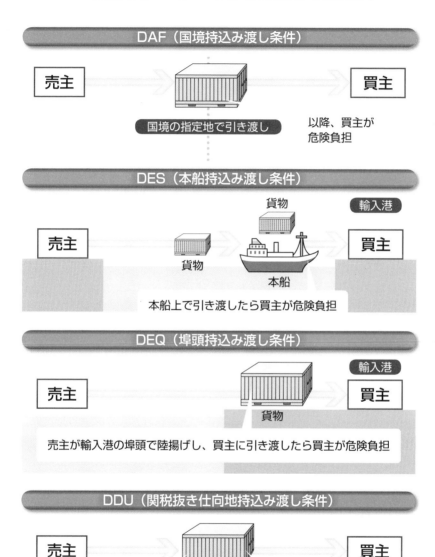

DAF（国境持込み渡し条件）

売主 → 🢒 買主

国境の指定地で引き渡し

以降、買主が
危険負担

DES（本船持込み渡し条件）

輸入港

貨物

売主 → 貨物 本船 → 買主

本船上で引き渡したら買主が危険負担

DEQ（埠頭持込み渡し条件）

輸入港

売主 貨物 買主

売主が輸入港の埠頭で陸揚げし、買主に引き渡したら買主が危険負担

DDU（関税抜き仕向地持込み渡し条件）

売主 → 買主

輸入地の指定場所

DDPではこの形式で
関税等も売主が負担する

輸入地の指定場所に
持ち込んだら
危険負担は買主に移転

2010年版インコタームズ D類型

Point
◎2010年版D類型は3条件あります。
◎DATでは売主が荷卸しを行い、DAPは買主が荷卸しを行います。

作業の流れ 輸出者 ←→ 輸入者

2010年版インコタームズ11条件のうちのD類型3条件

2010年版インコタームズの11条件のうち、D類型の3条件をみていきます。
①DAT（ターミナル持込み渡し条件）
指定仕向港または仕向地のターミナルにて、貨物がいったん到着した輸送手段から荷卸しされた後、ターミナル内で買主に引き渡した時点で、危険負担及び費用負担が売主から買主に移転する条件のこと。ターミナルはCYや航空貨物ターミナルのほか、倉庫や埠頭、道路が含まれ、指定仕向地ターミナルまでの輸送費及び荷卸し作業は売主が負担する。輸入通関や輸入税の納付は買主負担となる。
②DAP（仕向地持込み渡し条件）
指定仕向地において、荷卸しの準備ができている状態（荷卸しがされていない状態）のまま、指定地に到着した輸送手段の上で貨物が引き渡されたとき、貨物の危険負担と費用負担が売主から買主に移転する。指定仕向地までの輸送費は売主が負担し、荷卸し作業及び輸入通関や輸入税の納付は買主負担となる。
③DDP（関税込み持込み渡し条件）
売主が指定仕向国における輸入通関と輸入税の納付を済ませ、輸入地の指定場所（コンテナ・ターミナル、倉庫、工場、事務所等）まで荷物を持ち込み、到着したその輸送手段の上で貨物を買主に引き渡す。売主はその指定場所までの輸送に伴う一切の費用と危険を負担する。荷卸し作業は買主が行う。

	荷卸し作業	輸入通関業務
DAT（ターミナル持込渡）	売主	買主
DAP（仕向地持込渡）	買主	買主
DDP（関税込持込渡）	買主	売主

インコタームズD類型の各条件について

DAT（ターミナル持込み渡し条件）

貨物　運送ターミナル　輸入港

売主　買主

売主が輸入港または、仕向地ターミナルで陸揚げし、ターミナル内で買主に引き渡したら買主が危険負担

DAP（仕向地持込み渡し条件）

貨物　工場

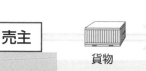

売主　買主

貨物　本船　国境

指定地に到着した輸送手段の上で引き渡したら買主が危険負担

DDP（関税込み持込み渡し条件）

売主　買主

輸入地の指定場所

輸入地の指定場所に持ち込んだら危険負担は買主に移転

※なおDATとDAPは2010年版より新たに設けられたインコタームズである。

▶おもな条約・国際協定等に関する用語

貿易で使われる条約や国際協定に関する用語をまとめました。略語等で使われるものも多いので再確認しておきましょう。

ASEAN
（Association of South East Asian Nations）

政治・経済の安定確保及び経済成長・社会・文化的発展のために設立された東南アジア諸国連合。加盟国は10ヵ国（インドネシア、カンボジア、シンガポール、タイ、フィリピン、ブルネイ、ベトナム、マレーシア、ミャンマー、ラオス）

APEC
（Asia-Pacific Economic Cooperation）

アジア太平洋経済協力。アジア太平洋地域における多国間経済協力の推進及び発展を目的としたフォーラム。

WCO
（World Customs Organization）

世界税関機構。各国の関税制度の調和・簡易化と関税行政の国際協力を推進する国際機関。

WTO
（World Trade Organization）

世界貿易機関。多角的な自由貿易体制を促進させるために組織された国際機関。

GATT
（General Agreement on Tariffs and Trade）

関税及び貿易に関する一般協定。戦後の世界の貿易取引を自由化し、取引相手を差別せず、多角的に貿易を進めることを掲げて、1948年1月に発効した。世界各国の関税引き下げに非常に大きな役割を果たした。GATTの第8回多角的貿易交渉であるウルグアイ・ラウンドでは、関税引き下げの対象であるモノの取引のほか、サービス貿易や知的所有権などに関する取り決めができたため、その後世界貿易機関（WTO）に引き継がれた。

ウィーン売買条約
(United Nations Convention Contracts for the International Sale of Goods)

国際物品売買契約に関する国際連合条約。国際的な物品売買契約を規律する統一ルールとして採択された国連条約であり、国際物品売買の世界標準。

ウィーン条約
(Vienna Convention for the Protection of the Ozone Layer)

「オゾン層保護に関するウィーン条約」の略称。フロン、ハロン等の特定物質の排出を段階的になくし、他の物質で代替することにより、オゾン層を保護しようという国際的な取り決め。

モントリオール議定書
(Montreal Protocol on Substances that Deplete the Ozone Layer)

「オゾン層を破壊する物質に関するモントリオール議定書」の略称。ウィーン条約にもとづき、オゾン層を破壊するおそれのある物質を指定し、その製造、消費および貿易を規制する。

バーゼル条約
(Basel Convention on the Control of Transboundary Movements of Hazardous Wastes and their Disposal)

有害廃棄物の国境を越える移動及びその処分の規制に関する条約。廃棄物処理に関する法規制が厳しい国から、緩やかな国へ有害廃棄物が移動される等、国際的な環境問題に対して締結された条約。

ワシントン条約
(Convention on International Trade in Endangered Species of Wild Fauna and Flora)

絶滅のおそれのある野生動植物の種の国際取引に関する条約。

The Wassenaar Arrangement on Export Controls for Conventional Arms and Dual-Use Goods and Technologies
(ワッセナー・アレンジメント)

テロ対策の一環として、通常兵器及び関連汎用品・技術の移転と蓄積を防止し、国際社会の安全と安定に寄与するために発足した国際体制。

Stockholm Convention on Persistent Organic Pollutants
（残留性有機汚染物質に関するストックホルム条約）

残留性有機汚染物質から人の健康と環境を保護することを目的として採択された条約。

FTA：Free Trade Agreement
（自由貿易協定）

２ヵ国以上の国や地域の間で、物品の関税やサービス貿易の障壁をなくし、貿易の自由化を促進させるための協定。

EPA：Economic Partnership Agreement
（経済連携協定）

FTAに加えて、人の移動や投資といった貿易以外の分野で、自由化及び円滑化をはかり、経済関係を強化するための協定。

CMAA：Customs Mutual Assistance Agreement
（税関相互支援協定）

日本と外国の税関当局間において、密輸品及び知的財産権侵害物品の水際取締りなどを目的として、互いに情報交換し、税関手続の簡素化について協力し合う国際条約。

CPTPP／TPP11
（Comprehensive and Progressive Agreement for Trans-Pacific Partnership）

環太平洋パートナーシップに関する包括的及び先進的な協定。多国間における経済連携協定であり、非常に大きな自由貿易圏を構成する。高い関税撤廃率が特徴。

RCEP
（Regional Comprehensive Economic Partnership Agreement）

地域的な包括的経済連携協定。ASEAN加盟国とそのFTAパートナーによる多国間の経済連携協定。この協定により、日本は中国及び韓国と初のEPAを締結することとなる。

NAFTA
（North American Free Trade Agreement）

北米自由貿易協定。米国、カナダ及びメキシコが加盟する自由貿易協定（FTA）で、1994年に発効された。商品やサービスの貿易障壁を撤廃し、国境を越えた移動を促進。公正な競争条件の促進、投資機会の拡大、知的財産権の保護や執行を目的とした協定。2020年7月にNAFTAに代わって新しくUSMCAが発効された。

USMCA
（United States–Mexico–Canada Agreement）

2020年7月に発行されたアメリカ・メキシコ・カナダ協定（USMCA）。NAFTAを見直し、新自由貿易協定として締約された。

MERCOSUR／MERCOSUL
（Mercado Común del Sur（スペイン語）／Mercado Comum do Sul（ポルトガル語））

南米南部共同市場。域内の関税撤廃等を目的に発足した関税同盟。

TRIPS協定
（Agreement on Trade-Related Aspects of Intellectual Property Rights）

国際的な自由貿易秩序維持形成のための知的財産権の十分な保護や権利行使手続の整備を加盟各国に義務付けることを目的とした協定。多国間協定であり、WTOの規定によって加盟各国は本協定に拘束される。

マドリッド協定議定書
（Madrid Agreement Protocol）

標章の国際登録に関するマドリッド協定の1989年6月27日にマドリッドで採択された議定書。商標について、世界知的所有権機関（WIPO）国際事務局が管理する国際登録簿に国際登録を受けることにより、指定締約国においてその保護を確保できることを内容とする条約。一度の手続で複数国に権利取得が可能となる。

TIR条約
（Customs Convention on the International Transport of Goods under Cover of TIR Carnets）

国際道路運送手帳による担保の下で行う貨物の国際運送に関する通関条約。道路走行車両による多国間貨物運送を容易にするために結ばれた。

CBTA
（Cross Border Transportation Agreement）

越境交通協定。メコン地域の越境交通円滑化に関する多国間協定で、アジア開発銀行（ADB）が事務局を務める。車両の相互乗り入れや、シングルストップ検査、各種物品の運搬規則が実施されることで、メコン地域の陸上交通の円滑化が期待される。

▶ 貨物・書類関連用語集

ここでは、貨物やコンテナの積み込みに関する用語と、通関に関する書類や証明書など、よく使われる用語を一覧で紹介します。

船会社/コンテナ貨物関連用語

航空運送状（Air Waybill）
貨物を空輸する際に必要な書類。海上運送で使われる船荷証券（B/L）に相当する。船荷証券と違って、流通性がなく有価証券ではない。

Berth Term
船主（船会社）と荷主のどちらが船内荷役費を負担するかという取り決めで、輸出港での積み込みや輸入港での荷卸し費用が運賃に含まれる条件のこと。

海上運送状（Sea Waybill）
海上運送の場合に使われる運送状のことで、SWBと略されることもある。B/L（船荷証券）の代わりの書類として、船積書類の1つとなるが、流通性はない。

B/L（Bill of Lading）
運送人と荷主間で運送契約の成立を証明する船荷証券。また、貨物の引き渡し請求権を持つ有価証券で「裏書」によって所有権を譲渡できる流通証券。

海上運賃請求書（Freight Bill）
海上貨物を輸送するために要した運賃の請求書。「Arrival Notice兼Freight Bill」として発行される場合もある。

Booking
船積予約のことで「ブッキング」と呼ぶ。船と航空機のどちらが貨物の輸送に合っているかを選び、船会社または航空会社へ運送依頼の予約をすること。

A/N（Arrival Notice）
貨物の運送を引き受けた船会社またはその代理店がNotify Party（着荷通知先）宛てに貨物の到着を知らせる「貨物到着案内」。

船腹予約書（Booking Note）
船腹予約の際に確認のために船会社に提出する書類。

梱包明細書（Packing List）

梱包された貨物について、どの貨物が
どの梱包の中に入っているかを明らか
にするために、梱包ごとの内容を記載
した書類。

CLP（Container Load Plan）

コンテナ内積付表といわれるもので、
コンテナ内に積載された貨物の明細を
記載する。コンテナ1本ごとに作成され
る。

D/O（Delivery Order）

荷渡指図書。貨物を引き渡すときに必要
な書類。海貨業者は、このD/Oに輸入許
可書を添えて貨物を受け取る。D/Oは有
価証券ではなく、貨物の引き渡しを指図
する役目を果たすのみである。

CY（Container Yard）

コンテナ・ヤード。コンテナを本船に積
み込んだり、荷卸ししたりする場所のこ
と。FCL貨物（コンテナ1本を単位として
運送される大口貨物）の場合は、コンテナ
は直接CYへ持ち込まれる。

CFS（Container Freight Station）

コンテナ・フレート・ステーション。LCL
貨物（コンテナ1本に満たない貨物）をコン
テナに詰めたり、またはコンテナから取り
出す作業を行う場所をいう。CFSに搬入
される貨物及びCFSで荷渡しされる貨物
をCFS貨物と呼ぶ。

Devanning

コンテナから貨物を取り出す作業のこと
で、通称「デバン」ともいう。

Devanning Report

コンテナから取り出した貨物の数量や
状態等を確認して記入する書類。

重量容積証明書 (Certificate and List of Measurement and/or Weight)

貨物の重量や容積等を証明するもので、
検量業者が貨物の検量をした結果を記
載し、要求に応じて発行する。

荷為替手形 (Documentary Bill of Exchange)

為替手形に船荷証券などの船積書類が
添付された手形。

D/R（Dock Receipt）

ドック・レシート。コンテナ船に船積みす
るときに海貨業者が作成する書類の一種。
コンテナ船の船積みには、LCL貨物と
FCL貨物があり、LCL貨物の場合にドッ
ク・レシートをコンテナ・フレート・ステー
ション（CFSのオペレーター）に提出する。

Drayage
（ドレージ）

コンテナを陸上輸送すること。コンテナから貨物を取り出さずにそのまま目的地に陸送する。

船積依頼書
（S/I=Shipping Instructions）
（エスアイ シッピング インストラクションズ）

輸出者が貨物の通関や船積みを依頼する際に作成する書類。

Free Time
（フリー タイム）

揚港で船から降ろした貨物やコンテナをコンテナ・ヤードやコンテナ・フレート・ステーションに無料で置ける期間。期限後に貨物を引き取らない場合は、追加保管料が発生する。

あげこう

船積指図書（S/O=Shipping Order）
（エス オー シッピング オーダー）

船会社が、本船船長に対して貨物の船積みを命ずる書類。

積荷目録（Manifest）
（マニフェスト）

大本となる本船に船積みされた貨物の明細書で、船名・船荷証券番号・貨物の個数・荷姿・重量等が記載されている。積み込みの際に船会社が作成し、揚地の代理店へ引き渡す。揚地ではこれにもとづいて貨物の明細を確認し、税関に提出する。

Vanning
（バンニング）

コンテナ内に貨物を詰め込む作業のことをいう。

NVOCC
（Non-Vessel Operating Common Carrier）
（エヌブイオーシーシー）
（ノン ベッセル オペレーティング コモン キャリア）

みずからは船舶・航空機・列車などの国際輸送手段を持たず、実運送人のサービスを使って輸送する利用運送業者。

Shipping Mark
（シッピング マーク）

貨物の梱包や容器に表記されているマークで、荷主名、積地、仕向け地、貨物の番号、原産地等の情報が記載されている。

船積通知（S/A＝Shipping Advice）
（エスエー シッピング アドバイス）

貨物の船積み完了後に、輸出者が輸入者に対して通知する書類の一種。品名・数量・金額・船名・出港日・船荷証券番号等の船積みの明細が書かれている。

Mate's Receipt （M/R）
（メイツ レシート）（エムアール）

本船貨物受取書。在来船の船積みの際に発行される貨物の受取書で、貨物に破損があるとメイツ・レシートに書き込まれる。

リ リ ー ス オ ー ダ ー
Release Order

航空貨物引渡指図書。銀行が航空会社に宛てて、その銀行を荷受人として出荷されてきている貨物を、輸入者またはその指定した通関業者に引き渡すよう指示するもの。航空貨物の引き取りのために輸入者が航空会社に提出する書類。

通関業者で使用される主な用語

原産地証明書（Certificate of Origin）
サーティフィケイト オブ オリジン

貨物の原産国を証明する書類で、輸入者の要求により、輸出者が商工会議所に対して発給申請を行う。特恵税率等の適用を受ける際に必要な証明書。

原産品申告書

貨物が協定上の原産品であることを証明する書類。輸出者等が作成する。特恵税率等の適用を受ける際に必要な証明書。

輸入承認書（I/L=Import License）
アイエル インポート ライセンス

輸入貿易管理令に特定される貨物や、特定の原産地や船積地域からの貨物等を輸入する場合に、所定の機関に申請し、その承認をもらい輸入申告時に提出する書類。

輸出申告書（E/D=Export Declaration）
イーディー エクスポート デクラレイション

貨物の輸出申告時に、輸出者名・品目・数量・重量・価格等を記載して税関長宛てに提出する。税関が書類を審査して許可されると輸出許可書が交付される。

輸入割当（IQ=Import Quota）
アイキュー インポート クオータ

ある特定の輸入貨物の数量制限を実施する必要がある場合、貨物の数量や金額等を輸入者に割り当てること。輸入承認の申請を行う前に輸入割当の手続きを行う。

輸入申告書（I/D=Import Declaration）
アイディー インポート デクラレイション

貨物の輸入申告時に、輸入者名・品目・数量・価格・関税等を記載して税関長宛てに提出する。税関が書類を審査して許可されると輸入許可書が交付される。

特恵受益国

経済が開発途上にある国（固有の関税や貿易に関する制度を有する地域を含む）で特恵関税の適用を受けることを希望する国のうち、政令で定められた国をいう。

輸出承認書（E/L=Export License）
イーエル エクスポート ライセンス

輸出貿易管理令に特定される貨物の輸出は、申告前に経済産業大臣に申請をし、承認を受ける必要がある。申請が認められれば輸出承認書が交付される。

他法令

関税関係法以外の法令のことで、輸出入申告の際、関税法第70条の規定により税関に許可・承認などを証明し、また検査の完了や条件の具備を証明し、その確認を受けなければならない法令をさす。

特例輸入者制度

輸入通関手続きの迅速化・簡素化のために、輸入貨物の引取申告と納税申告を分離し、納税申告（特例申告）前に貨物を引き取ることができる制度。

BP（Before Permit）承認

輸入許可前引取承認制度。輸入申告後、新規輸入品であったり、税額決定に日時がかかる場合等に、関税額に相当する担保を提供して税関長の承認を受けることにより、輸入許可前に貨物を引き取ることができる制度。

事前教示制度

輸入の前に税関に対して、当該貨物の関税分類（税番）、原産地、関税評価及び減免税についての照会を行い、その回答を受けることができる制度。外国に輸出する際には輸出先の税関に対して照会を行う。

特定輸出申告制度

貨物を保税地域に入れることなく、輸出者の工場や倉庫等で輸出通関を行える制度のこと。法令遵守、セキュリティ管理等が整っている企業等が申請により、税関長の承認を受けることで、この制度を利用することができる。

契約・保険・保証などに関する用語

売買契約書

各企業が自社で作成するのが一般的で、輸出者が作成する注文請書型契約書（Sales Contract、Confirmation of Orderなど）と、輸入者が作成する注文書型契約書（Purchase Order、Confirmation of Purchaseなど）がある。

保険申込書（Insurance Application）

貨物に保険を付保する際に使われる申込書。

L/C（Letter of Credit）
信用状

輸入者の取引銀行である銀行が、海外の輸出者に対して、輸出者が信用状条件どおりの船積書類を銀行に呈示することを条件に、輸入者に代わって、代金の支払いを確約した保証状。

L/I（Letter of Indemnity）
補償状

輸出者が船会社に対して、貨物に瑕疵があることによって、運送中の破損その他のトラブルがあった場合には、輸出者がいっさいの責任をとることを明言して提出する書類。

I/P (Insurance Policy)
アイピー インシュアランス ポリシー

保険証券

保険契約の成立と内容を保証するための証拠となる証券。

L/G (Letter of Guarantee)
エルジー レター オブ ギャランティー

保証状

輸入の際、船荷証券の到着が貨物よりも遅れた場合に、貨物の引き取りに使われる書類。または輸出者が、書類にディスクレがある状態のままで銀行に買取ってもらいたい場合、銀行に差し入れる書類。

関税に関する用語①法律に基づいて定められている税率

基本税率

国内産業の状況等を踏まえた長期的な観点から、内外価格差や真に必要な保護水準を勘案して設定されている税率。

暫定税率

一定の政策上の必要性等から、基本税率を暫定的に修正するため、一定期間に限り適用される税率。常に基本税率に優先して適用される。

特恵税率

開発途上国・地域を支援する観点から、開発途上国・地域からの輸入品に対し、原産地証明書の提出等の条件を満たすことにより適用される税率。

入国者の輸入貨物に対する簡易税率

入国者が携帯し、あるいは別送して輸入される貨物に対し適用することのできる税率。関税・消費税などを総合して水準が設定される。

少額輸入貨物に対する簡易税率

入国者が携帯し、あるいは別送して輸入される貨物以外の貨物で、課税価格の合計額が20万円以下の輸入貨物に適用することのできる税率。

関税に関する用語②条約に基づいて定められている税率

協定税率

WTO加盟国・地域に対して一定率以上の関税を課さないことを約束（譲許）している税率。国定税率よりも低い場合、最恵国税率として、WTO全加盟国・地域及び二国間通商条約（経済連携協定を除く。）で最恵国待遇を約束している国からの産品に対して適用される。

経済連携協定に基づく税率

経済連携協定を締結している国からの産品を対象とし、それぞれの協定に基づいて適用される税率。それぞれの協定の原産地規則等の条件を満たすことにより適用される。

▶ 貿易実務用語集

貿易実務の現場で使われる、単語、用語、略語などを紹介します。

数字

3C's
取引相手の信用状態を調査するときに基本となる3つの項目。Capital（資産、財務状況）、Capacity（営業能力）、Character（誠実性）の3つ。

4P's
マーケティング活動における4つの重要な要素。Price（価格）、Place（流通方法）、Product（製品・商品）、Promotion（販売促進）の4つを指す。

24時間ルール
輸出国は輸出貨物について、船積前24時間前までに輸入国の税関当局に対して貨物情報を提供しなければならないというルール。

A

Acceptance
取引相手の提示するOfferを承諾すること。Offerが承諾されると契約が成立する。なお条件をつけて承諾することは、条件変更を申し出ることであり、カウンター・オファーと呼ばれる。

Account
勘定取引、口座。

Adjustment
調整すること。

Advising Bank→通知銀行

AEO制度
Authorized Economic Operator制度のこと。米国で起きた同時多発テロを契機とする国際的な物流におけるセキュリティに対する社内管理体制を整え、またコンプライアンスの社内体制を整えた貿易関連事業者が、自らの責任で輸出入貨物を管理し、法令に則った税関手続きを行う場合、それに対応して、税関が迅速かつ簡素な通関手続きを提供しようとする制度。

Agent
代理人（店）。

Agent Commission
代理店手数料。

Agreement
契約（書）、合意。

All Risks(A/R)
全危険担保のこと。貨物輸送中に予想される偶然の危険すべてを担保する保険。ただし、貨物に固有の欠陥または性質などに起因する損害はてん補されない。

Amendment→アメンド

Applicant
申込者のこと。L/C（信用状）の場合、L/C発行依頼者または発行依頼人のことで、通常は輸入者のこと。

Application
依頼書、申込み（書）。

A/R→All Risks

Arbitration Clause
仲裁条項。

Arrival Notice
貨物到着案内、着船通知書、船積書類到着通知書。

A/S Rate

At Sight（Buying）Rateの略。一覧払（輸出）手形買相場のこと。銀行が、輸出者の振り出す一覧払荷為替手形を買い取る場合に適用する相場。

Assignment

譲渡、割当て。

Assured

被保険者。

At Sight(A/S)

一覧払いのこと。手形の呈示があり次第、輸入者は一覧すると直ちに支払わなければならないこと。

B

BAF

燃料油割増（Bunker Adjustment Factor）のこと。海上運賃における割増運賃の一つ。船会社が船の燃料油価格の変動による損失を調整する割増運賃。

Bank Reference

銀行信用照会先。通常、自社の取引銀行を、自社の財務状況などの問い合わせ先として取引相手に通知することが多い。

Basic Freight

基本運賃。

Basic Rate

（外国為替の）基準相場、（海上保険や海上運賃の）基本料率。

Beneficiary

L/C受領者のことで、一般に受益者と呼ばれる。通常は輸出者のこと。

Bill of Exchange

為替手形のこと。Draftともいう。手形金額の受取人が名宛人（支払人）へ支払いを請求する手形。

Bill of Lading（B/L）

船荷証券。

Blank Endorsement→白地裏書

Boat Note

輸入者がD/Oと引き換えに、在来船で運送された貨物を引き取った時に、本船に提出する貨物の内容確認書。船会社、荷受人（海貨業者）双方の検数人の立ち会いにより作成される。

Bulk Cargo

バラ荷のこと。梱包せずにバラの状態で船積みされる貨物。バラ積み貨物ともいう。

C

Cable Negotiation→ケーブルネゴ

CAF

通貨変動割増（Currency Adjustment Factor）のこと。通貨変動による為替差損を調整する割増（差益の場合、割引）運賃。

Capital

資本（金）。

Case Mark

荷印、木箱番号。

Certificate of Inspection

検査証明書。

Certificate of Insurance

保険承認状（書）、保険証明書。

CFR（C&F）(Cost and Freight)

運賃込み条件。

Chamber of Commerce and Industry

商工会議所。

Charter Party

用船（傭船）契約（書）。

CIF（Cost,Insurance and Freight)

運賃・保険料込み条件。

CIP（Carriage and Insurance Paid to)

輸送費・保険料込み条件。

Clean B/L

無故障B/L。船積みのため貨物が船会社に引き渡され時、外観上貨物に異常がない、または外観上その包装の数量その他に不完全な点がない場合に発行されるB/L。

Combined Transport（Multimodal Transport）

複合輸送。

Commercial Invoice

商業送り状。

Commission

手数料。

Commodity

商品のこと。

Conditions

条件のこと。

Confirmed L/C

確認信用状。信用状発行銀行の依頼を受けて、発行銀行以外の銀行が、発行銀行の支払い確約に加えて、さらに支払いを確約する信頼性の高い信用状。

Confirming Bank

確認銀行。

Consignee

荷受人のこと。一般に記名式B/Lの荷受人欄には輸入者名が記載され、指図式B/Lでは「to order（of shipper）」（売り主の指図による）と記載される。

Container Demurrage

コンテナ留置料。陸揚げされたコンテナ貨物が、保管料無料の一定期間を超えて、CYやCFSから引き取られた場合に支払う貨物の超過保管料。

Container Vessel→コンテナ船

Contract of Sale

売買契約の成立に伴って、輸出者（売り手）が作成する売契約書（売約書）もしくは注文請書のこと。

Conventional Vessel→在来船

Correspondent Bank→コルレス銀行

Counter Offer

カウンター・オファーまたは反対申し込み。Offerを受けた者が、そのまま承諾しないで、条件の一部変更を要求する、あるいは新しい条件をつけて承諾すること。

Country of Orgin

原産国。

Credit Agency

商業興信所。取引先企業の信用調査を行う際に利用できる有料の専門調査機関。

Customs Duties

関税。

Customs Invoice

税関送り状。

C-TPAT

米国へ輸入される貨物の安全性を確保し、かつ法令を遵守する社内ルールを作成して、米国税関に協力する企業と認定されれば、輸入貨物の税関手続きの面で優遇される制度。Customs-Trade Partnership Against Terrorism。

D

D/A

Document against Acceptanceの略。「手形引受書類渡し」のこと。支払人（輸入者）の手形引き受けと引き換えに、船積書類の引き渡しが行われる貿易決済条件。

DAP

仕向地持込み渡し条件

DAT

ターミナル持込み渡し条件。

DDP

関税込み仕向地持込み渡し条件。

DDU

関税抜き仕向地持込み渡し条件。

Demand Draft

送金小切手のこと。送金による決済方法の一つ。それを受け取った輸出者は支払銀行で換金する。

DEQ

埠頭持込み渡し条件。

Declaration

申告（書）。

Definite Insurance

確定保険。

Definite Policy

確定保険証券。

Delayed Shipment

船積遅延。

Delivery

納期、引渡し。

Demand

要求、需要。

Description

商品の説明。

Destination

仕向地（港）。

Detail(s)

詳細、明細。

Discharge

荷卸し。

D/P

Documents against Paymentの略。「手形支払書類渡し」のこと。支払人（輸入者）は手形金額を支払うのと引き換えに、船積書類の引き渡しを受けることができる貿易決済条件。

DPU

荷卸込持込み渡し条件。

Draft

手形、小切手。

Drawee

手形名宛人。

Drawer

手形振出人。

E

Endorsement

裏書のこと。

EPA

経済連携協定。

ETA（Estimated Time of Arrival）

到着予定日。

ETD（Estimated Time of Departure）

出発予定日。

Exchange Contract

為替予約。

Exchange Rate

為替相場。

Expiry

有効期限。

Export Permit（E/P）

輸出許可（書）。

EXW（Ex Works）

工場渡し条件。

F

FAQ

平均中等品質条件（Fair Average Quality Terms）。農産品など、あらかじめ品質を決められない商品の場合、収穫後、公的機関などが評価する平均的な中等品質を売買の品質基準とする方法。

FCA（Free Carrier）

運送人渡し条件。

FCL貨物

Full Container Load Cargo。1人の荷主の貨物だけで、コンテナ1本を満たす量の貨物。

FI
エフアイ

Free Inの略。FI条件は、輸出港における貨物船積みの荷役費用を荷主が負担する取引条件、すなわち船会社は負担しない。また、輸入港における貨物陸揚げの荷役費用を船会社が負担する運賃条件のこと。

FIO
エフアイオー

Free In Outの略。FIO条件は、輸出港における貨物船積みの荷役費用も、輸入港における貨物陸揚げの荷役費用も荷主が負担し、船会社は負担しない運賃条件のこと。

Firm Offer
ファーム オファー

ファーム・オファー、確定申込み。売主が、承諾回答期限を付して取引条件を示し、回答期限内に買い手がOffer条件どおりに承諾回答すれば、その場で契約が成立する。

FO
エフオー

Free Outの略。輸出港における貨物船積みの荷役費用が運賃に含まれている。輸入港における貨物陸揚げの荷役費用は運賃に含まれておらず、荷主が負担する。

FOB（Free on Board）
エフオービー　フリー オン ボード

本船渡し条件。

FOB Attachment Clause
エフオービー アタッチメント クローズ

FOB条件の取引の場合、輸入者は貨物が船会社に引き渡される以前の危険負担については必要ない。そこでこの「FOB Attachment Clause」を適用することにより、保険期間の開始時期を危険負担の移転時期に合わせること。

Forwarder→フォワーダー
フォワーダー

Forward Exchange
フォワード エクスチェンジ

先物為替。

Forward Rate
フォワード レイト

先物相場。

Foul B/L
ファウル ビーエル

故障付B/L。「Remarks」が記載されているB/Lのこと。船会社は、運送のため受け取った貨物に外観上異常が認められるとき、その異常の状態を「Remarks」としてB/Lに記載し、貨物の異常が運送中に発生したものでなく、船会社の責任でないことを証明する。

FPA
エフピーエー

分損不担保（Free from Particular Average）。共同海損、及び全損と、本船、はしけの座礁、沈没、大火災があった場合の分損（特定分損）、及び本船の衝突に起因する分損事故（SSBC）、並びに損害防止費用等の費用損害のみをてん補する条件。

Freight
フレイト

運賃、運送、または貨物のこと。

Freight Collect
フレイト コレクト

運賃着払いのこと。海上運賃を貨物陸揚港で輸入者が支払う場合のB/Lには、運賃欄に「Freight Collect」と記載される。

Freight Prepaid
フレイト プリペイド

運賃前払いのこと。海上運賃を貨物船積港で輸出者が支払う場合のB/Lには、運賃欄に「Freight Prepaid」と記載される。

Freight Rate
フレイト レイト

運賃率。

FTA
エフティーエー

自由貿易協定。

G

General Average→共同海損
ジェネラル アベレージ

General Cargo
ジェネラル カーゴ

一般貨物。

General Terms and Conditions
ジェネラル タームズ アンド コンディションズ

一般取引条件。

Generalized System of Preferences（GSP）

一般特恵関税制度。

GMQ

適商品質条件（Good Merchantable Quality Terms）。木材や魚介類など、あらかじめ品質を決められない商品の場合、標準的な商品の品質を売買の基準とする方法。

Goods

商品のこと。

Gross Weight（G/W）

総重量。

HACCP

食品の安全衛生管理システムで、危害分析重要管理点（Hazard Analysis Critical Control Point）のこと。ハサップと呼称する。食品の原料から、製造・加工を経て、最終製品に至るまでの全工程を通じて、衛生管理、品質管理チェックを行い、危険を防止し、製品の総合安全管理を行う手法。

House Air Waybill

利用航空運送事業者（混載業者）が発行するAir Waybill。

I A T A

国際航空運送協会（International Air Transport Association）。民間航空会社の団体で、国際航空の安全と秩序を維持することを目的とする。

ICC→国際商業会議所

Inquiry

引き合い、問い合わせのこと。取引の勧誘を受けて、価格、数量、納期などを問い合わせたり、商品のサンプルを依頼したりする。

Inspection Certificate

検査証明書。

Insurance Premium

保険料。

Insured Amount

保険金額。

Invoice

インボイス、商業送り状のこと。輸出者が輸入者に宛てて作成する貨物の明細書であり、納品書、請求書でもある。商品名、数量、契約条件、契約単価、金額、支払い方法などが記載されている。

I/P→輸入許可

Irrevocable L/C

取消不能信用状。いったん発行されると、発行銀行、確認銀行（Confirmed L/Cの場合）、輸出者及び輸入者のすべての同意がなければ、変更も取り消しもできない。

Issuing Bank→発行銀行

Item

品目、種目。

Latest Date for Shipment（Latest Shipping Date）

船積期限。

L/C

輸入者の取引銀行である信用状発行銀行が商品代金の受取人である輸出者に対して、輸出者が信用状条件どおりの書類を呈示することを条件に輸入者に代わって代金の支払いを確約した保証状のこと。

LCL貨物

LCL（Less than Container Load）Cargo。1人の荷主（輸出者）の貨物だけでは、コンテナ1本を満たすことができない少量の貨

物のこと。

L/Gネゴ

書類にディスクレ(信用状条件と実際の書類の内容が一致しないこと)がある状態のままで銀行に買い取ってもらいたい場合に、輸出者が買取銀行に保証状を差し入れて手形を買い取ってもらうこと。

Liner→定期船

Liner Term→ライナー・ターム

M

Marine Insurance

海上保険。

Master Air Waybill

航空会社が発行するAir Waybill。利用航空運送事業者(混載業者)が発行するHouse Air Waybillと区別するために、Master Air Waybillと呼ばれる。

Measurement

容積。

Merchandise

商品、製品。

N

NACCS

輸出入・港湾関連情報処理システム(Nippon Automated Cargo and Port Consolidated System)。税関・倉庫業者・通関業者・銀行・船会社・航空会社などをオンライン処理する通関・港湾手続きシステム。

Negotiation

商談、交渉、買取り。

Negotiating Bank→買取銀行

Net Weight(N/W)

正味重量。

Notify Party

着荷通知先。船会社が、輸入貨物の到着に先立って、B/L記載の貨物が仕向港に到着する予定日を通知する相手先のこと。

Notifying Bank→通知銀行

NVD

No Value Declaredの略。無申告という意味。荷送人は航空会社(運送人)に対して、AWB上に貨物の価格を記載して申告しなければならないが、「申告価格なし」の場合に記載する表現。

O

Ocean Freight

海上運賃。

Offer

売買契約の成立を目的とし、取引条件を提示して行う売りまたは買いの申込み。

Offer Subject to Being Unsold

先売りごめんオファーのこと。限られた数量の商品を、同時に多数の買い手にOfferする場合の売り申込み。Offer Subject to Prior Saleともいう。

Offer Subject to Confirmation

サブコン・オファーをいう。売り手のOfferを買い手が承諾しても、売り手がそれを確認(承諾)しない限り、契約が成立しないOffer。

Offer Subject to Prior Sale→Offer Subject to Being Unsold

On Board Notation

Receive B/Lに記載して船積完了を証明する船積追記。船積日を記載し船会社の責任者が署名する。

Open Cover→(包括)予定保険

Open L/C

買取銀行無指定信用状。

Open Policy

包括予定保険(証券)。

Order B/L→指図式B/L

Original

原本、原物。

Particular Average→単独海損

Partial Shipment

分割積み。

Partial Loss

分損のこと。

Paying Bank

支払銀行。

Payment

支払い。

PL法

製造物責任法。製造物の欠陥が原因で、生命、身体、財産に損害が生じた場合に、製造業者等に損害賠償責任を負わせる法律。

PL保険

製造物賠償責任保険または生産物賠償責任保険。Product Liability Insuranceの訳。生産者または輸入者などが、法律に基づいて製造物賠償責任を負担するために受ける損害をカバーする保険。

Profit

利益、収益。

Proposal

勧誘のこと。具体的には、取引先開拓のために行う積極的な売買取引勧誘、売込み。取引勧誘の手紙などのほか、貿易斡旋機関への取引先紹介依頼や、雑誌などの広告、DMの送付などがある。

Provisional Insurance→個別予定保険

Purchase Order

売買契約の成立後、契約内容を確認するため輸入者が作成し、輸出者へ送る注文書、または買約書（買契約書）。

Quality

品質のこと。

Quality Sample

品質見本。

Quantity

数量のこと。

Quantity Discount

数量割引。

Quotation

見積もり、または見積書のこと。品質、価格、納期、引渡場所、最小最大引き受け可能数量などの取引条件が提示される。

RCEP

地域的な包括的経済連携。

Received B/L

受取式B/L。船会社が、運送のために貨物を受け取ったことを確認して、発行するB/L。一般にコンテナ貨物の運送、コンテナ貨物を前提とする複合一貫輸送の場合に発行される。

Reference

参照、(信用)照会先。

Remarks

リマーク。輸出貨物に異常（瑕疵（キズ））が認められる場合、在来船では貨物受取書であるM/Rに注記される、コンテナ貨物ではD/Rに注記される。

Restricted L/C

買取銀行指定信用状。受益者が振り出す荷為替手形の買取銀行を限定して指定しているL/Cのこと。

別冊

貿易実務用語集

Revolving L/C

回転信用状。信用状に基づく買い取りの都度、もしくは一定期間ごとに自動的に同条件で信用状金額が復活し、繰り返して利用できる信用状。

S

S/A

船積申込書（Shipping Application）。在来船積みの貨物について、輸出者の代理人として、海貨業者が船会社に対して船積みを依頼する書類。

Shipped B/L

船積式B/L。船会社が、運送のため貨物を船積みしたことを確認して、発行するB/LでOn Board B/Lともいう。

Shipping Advice

船積通知。

Shipping Application→S/A

Shipping Conference

海運同盟。

Shipping Documents→船積書類

Short Shipment

船荷不足、数量不足、積残（品）。

SRCC Clauses

ストライキ（Strikes）、暴動（Riots）、騒乱（Civil Commotions）担保約款、略してストライキ危険担保約款。ストライキ労働者や暴動加担者などの暴力的破壊行為などによる損害がてん補される。

Straight B/L

記名式船荷証券。

Supplier

供給者（会社、国）。

Surcharge

割増料、追加料金。

Sworn Measurer→検量人

T

Tariff Rate

タリフ・レート、表定運賃率。海運同盟が協定し公表している基本運賃率。同盟加入の船会社が運送する貨物に適用する運賃率。

Time Bill Buying Rate

期限付手形買相場。輸出者振出しの期限付輸出為替手形の買取りに適用される。

Total Loss

全損。

T / R（Trust Receipt）

輸入担保荷物保管証。輸入代金未決済の輸入者が、銀行へ提出する輸入貨物の借受証。

Trade Reference

同業者信用照会先。取引先の信用状況を知りたい場合に照会する取引相手の取引先や同業者のこと。

Trade Terms

貿易条件。

Tramper→不定期船

Transferable L/C

譲渡可能信用状。

Transshipment

積替え。

Trust Receipt→T / R

T / T

電信送金（Telegraphic Transfer）。例えば輸入者から送金依頼を受けた輸入地の銀行が輸出者の取引銀行に向けて支払いの指図を電信で行うことをいう。

T T B

電信買相場（Telegraphic Transfer Buying Rate）。銀行が顧客から外貨を買う相場で、買相場の中で最も基本的な相場。

TTS

電信売相場（Telegraphic Transfer Selling Rate）。銀行が顧客に外貨を売る相場で、売相場の中で最も基本的な相場。

UCP→信用状統一規則
Unit Price

単価。

Usance→ユーザンス

WA

分損担保（With AverageまたはWPA＝With Particular Average）。全損や共同海損を含む海上損害による分損（貨物の一部損失）がてん補される。

アメンド

Amendmentの略。取消不能信用状の条件を変更すること。

安全保障貿易管理制度

輸出に際して、国際的な平和及び安全の維持を妨げる貨物、すなわち戦争に使用される貨物及び戦争に利用される恐れのある貨物は、経済産業大臣の輸出許可を受けなければならない。

一覧払い→At Sight
インコタームズ

Incoterms（International Commercial Terms）のこと。売買契約を締結するときに、輸出入者双方によって最も重要な貿易条件。国際商業会議所が制定した解釈の基準（ルール）。商慣習の変化に伴って改訂され、現在は2020年1月1日に発効された「インコタームズ2020」が最新版。

印刷条項

売買契約書、保険証券、船荷証券などの裏面に記載されている契約の条件。スポット取引の売買契約書裏面には一般的取引条件が、保険証券裏面には保険条件が、船荷証券裏面には運送条件が印刷されている。裏面約款とも呼ばれる。

インボイス→Invoice
受取式B/L→Received B/L
エクセス方式

貨物の保証に関し、一定割合の損害は運送に常に伴うものとして、その一定割合を越える損害部分のみをてん補する方式。

エプロン

コンテナ船が接岸する岸壁に面している部分で、ガントリークレーンが設置され、コンテナを積卸しする場所。

延滞税

関税の納税義務者が法定納期限までに納付されない場合に課せられる税金。

送り状→Invoice
乙仲→海運貨物取扱業者

海運貨物取扱業者（乙仲）

一般に通関業者を兼ね、輸出入貨物の船積書類作成、船積み、荷卸しから通関に関連する業務までの一切の作業・手続きを代行する業者。

海運同盟（Freight Conference）

定期航路運行業者（船会社）が運賃その他の運送条件に関して、過当競争を抑制・制限するなど、お互いの利益のために結んでいる協定。一種の国際カルテル。

海外商社名簿

貿易保険を引き受ける際の判断基準とし

て作成している、海外企業及び外国政府の信用格付け書類。貿易保険を付保するにはこの名簿に登録されていることが必要である。

海貨業者→海運貨物取扱業者

外為法

外国為替及び外国貿易法のこと。日本の貿易（貨物の移動）と為替（資金の移動）の基本法。

回転信用状→Revolving L/C

買取銀行

Negotiating Bank。L/C受益者の振り出す荷為替手形を買取り、代金の立替払いをしてくれる銀行のこと。

買取銀行指定信用状→Restricted L/C

カウンター・オファー→Counter Offer

価格戦略

販売する製品の価格をいかに設定するか、マーケティング活動の中で非常に重要な戦略決定のこと。

確定申し込み→Firm Offer

確認信用状→Confirmed L/C

加算税

適正な納税申告をしなかった納税義務者（輸入者）に対する行政上のペナルティー。過少申告加算税、無申告加算税及び重加算税がある。

貨物受渡書→Boat Note

貨物海上保険

Marine Cargo Insurance。貨物の海上輸送中の危険を担保する保険。

カレンシー・サーチャージ→CAF

為替先物予約

将来の一定期日に一定の為替相場で外貨を売買する契約。為替相場変動リスクを回避して、採算を確定することを目的としている。

簡易税率

関税定率法に定められている簡易税率のことで、①課税価格20万円以下の少額輸入貨物に対する簡易税率と、②入国者の携帯品・別送品などに対する税率がある。

関税

輸入貨物に課される輸入税。財政収入を目的とする財政関税と、国内産業保護を目的とする保護関税がある。

関税率

関税額を決定するために輸入貨物の価格または数量に対して適用される比率。税率には国定税率である基本税率、暫定税率、特恵税率と、条約により決められた協定税率がある。

ガントリークレーン

コンテナ荷役に使われる巨大なクレーン。港湾設備の一つ。

基本税率

国定税率の一つ。関税定率法の別表「関税率表」に定められている税率。

記名式B/L（Straight B/L）

B/Lの荷受人（Consignee）欄に、輸入者、銀行などの特定人名が記載されているB/L。流通性がなく、銀行としては手形の担保にならないので、買取りを拒否する場合がある。

キャッチオール規制

大量破壊兵器などに転用可能な輸出品目に関する貿易管理ルール。輸出には貿易管理を担当する政府機関（日本の場合は経済産業大臣）の輸出許可が必要となる。

協会貨物約款

Institute Cargo Clause（ICC）。ロンドン国際保険引受協会が制定した保険条件。貨物海上保険のFPA、WA、A/R、（1982年1月制定の新ICCでは（A）、（B）、（C））などは協会

貨物約款である。

協会貨物約款（A）：ICC（A）

1982年保険証券及びその改定版である2009年保険証券に記載の新ICCの保険条件の一つ。原則として、貨物の滅失・損傷のすべての危険を担保する保険条件である。ただし、被保険者による故意の違法行為、自然の消耗、戦争、ストライキなどによって発生する損害は除かれている。一般にICC（A）という。旧ICCの全危険担保：A/Rに相当する保険条件。

協会貨物約款（B）：ICC（B）

同じく新ICCの保険条件の一つ。協会貨物約款（C）でカバーされる担保危険のほか、地震・火山の爆発・落雷、波ざらい、積み込み・荷卸し中の貨物の梱包1個ごとの全損などが含まれている。一般にICC（B）という。旧ICCの分担担保条件：WAに相当する保険条件。

協会貨物約款（C）：ICC（C）

同じく新ICCの保険条件の一つ。火災または爆発、本船やはしけの挫傷・乗り上げ・沈没・転覆、避難港における貨物の荷卸し、投げ荷、共同海損犠牲損害などが含まれている。一般にICC（C）という。旧ICCの分損不担保条件：FPAに相当する保険条件。

協定税率

関税に関する外国との条約で、相手国産の特定品につき、一定率以下の関税しか課税しないことを約束している税率。

共同海損

General Average。海上輸送中の船舶と積み荷が、沈没の恐れなど共同の危険に直面した場合、船長の権限で一部の貨物を海中に投棄するなど、故意かつ合理的な行為により生じた損害。関係者全員がその損害を分担する。

グループA

輸出管理徹底国。日本の輸出管理法令で規定されているカテゴリーの1つ。通常兵器や大量破壊兵器の輸出規制の国際合意（国際レジーム）に参加し、輸出管理が厳格に行われている国（2019年までは通称「ホワイト国」と呼ばれていた）。グループA国はキャッチオール規制の対象外となる。

クレーム

Claim。金額を明示した損害賠償請求のこと。貨物運送中の事故に起因する運送クレームと、契約違反や契約内容の不備、物品自体の欠陥などに起因する貿易クレームがある。

ケーブルネゴ

Cable Negotiation。信用状取引の場合で、買取銀行によりディスクレが発見され、アメンドの時間的余裕がない場合、買取銀行がディスクレの内容を発行銀行に電信で通知し、買取りの可否を照会し、発行銀行から承諾を得ることで買取る方法。

検査

税関による輸出・輸入通関時の貨物検査。

検査証明書

Inspection Certificate。輸出貨物または輸入貨物が契約条件に定められた品質であることを証明する書類。

検量人

Sworn Measurer。輸出貨物の船積時、輸入貨物の陸揚時に貨物の重量、容積などを測定し、証明する者。

国際商業会議所

International Chamber of Commerce（ICC）。国際貿易の拡大、サービス貿易の発展、国際投資を促進する民間の経済団体。インコタームズ、信用状統一規則、取立統一規則

など国際取引慣習に関する共通のルール作りを推進している。

国際宅配便

小口の貨物を、ドア・ツー・ドアで貨物の受取地（出発地）から仕向地（目的地）まで一貫して輸送する国際的な運送方法。

国際複合一貫運送

国際的な貨物の運送方法のうち、海上運送、航空運送、陸上運送のいずれか2つ以上の異なった輸送手段を利用して行う運送をいう。

故障付B/L→Foul B/L

個品運送契約

船会社が多数の荷主から集めた貨物を混載して1隻の船に積み込んで運送する方式を個品運送といい、定期船が利用される。この個々の貨物を対象に行う運送契約を個品運送契約という。

個別予定保険

個別の取引ごとに契約し、個々の船積みをカバーする予定保険契約。

コルレス銀行

Correspondent Bank。銀行が、外国為替取引に関する契約（コルレス契約）を結んでいる外国の銀行。

コルレス契約

Correspondent Agreement。外国の銀行と外国為替取引を継続して行う銀行が、取引にかかわる業務上の諸条件を定めた銀行間の契約。

混載業者→利用運送事業者

混載航空貨物輸送契約

混載業者に運送を依頼する契約。

コンテナ機器受渡書

Equipment Interchange Receipt（EIRまたはE/R）。コンテナ機器の受渡しを証明する書類。荷主が船会社（CY）からコンテナを借りる時、あるいはコンテナ詰め貨物をCYへ搬入する時、両者が確認して署名する。

コンテナ船

Cintainer VesselまたはContainer Ship。貨物の入ったコンテナを積込んで輸送する船。

コンテナターミナル

貨物をコンテナのまま、コンテナ船に積込み、あるいはコンテナ船から荷卸しする作業を行う広大なスペース。

コンプライアンス

法令を順守すること。コンプライアンス・プログラムをいうことが多い。

さ行

再輸出

輸入許可を受けて輸入した貨物を、再度輸出すること。違約品の返品、修理完了品や梱包容器の返送に利用される。

再輸入

輸出許可を受けて輸出した貨物を、再度輸入すること。輸出品の返品、修理のため日本に返送された輸出品、梱包容器の返送、一部品目においては海外で加工・修理されて再度輸入する場合に利用される。

在来船

Conventional Vessel。コンテナを積む設備のない船。包装・梱包された比較的小口の貨物を中心とするが、その他どんな貨物でも積める。

先売りごめんオファー→Offer Subject to Being Unsold

指図式B/L

Order B/L。B/Lの荷受人（Consignee）欄に「to order」または「to order of Shipper」（荷送人の指図どおり）と記載されているB/L。

サブコン・オファー→Offer Subject to Confirmation

暫定税率

国定税率の一つ。基本税率を暫定的に一定期間、特定貨物について修正した税率。常に基本税率に優先して適用される。

シール

施封のこと。貨物がコンテナ詰めされた場合、コンテナに取り付けられる封印。

自家積み

輸出貨物を船会社に引き渡す方法の一つで、包装・梱包された貨物を在来船に積む場合、荷主が自らの費用と責任で貨物を船に積むこと。

自家取り（自家揚げ）

輸入貨物を船会社から引き取る方法の一つで、在来船で運送されてきた大口の個品運送の輸入貨物等の場合に、荷主が自らの費用と責任で貨物を船から陸揚げすること。

事故通知

到着した貨物に何らかの損傷を発見した輸入者が、船会社の責任を追及して送る「損害賠償を請求する権利を留保する」旨の通知のこと。

指定保税地域

Designated Hozei（またはBonded）Area。保税地域の一つ。国や地方公共団体などが所有・管理する土地建物を財務大臣が保税地域として指定した施設。

従価税

貨物の輸入価格を算定基準にして関税率をかける関税の課税方式。

修正申告

申告納税額が誤っており、過少であることを発見した申告者が、関税修正申告書により、増額して申告し直すこと。

従量税

輸入貨物の重量、容積、個数などを算定基準にして関税率を計算する課税方式。

受益者→Beneficiary

少額輸入貨物

関税の課税価格が20万円以下の輸入貨物の場合、少額貨物に関する簡易通関の扱いを受けることができる。また、同様に20万円以下の場合、「少額輸入貨物に対する簡易税率」の適用を受けられる。

白地裏書

Blank Endorsement。船荷証券などの有価証券の権利譲渡の方法の一つ。有価証券に被裏書人（被譲渡人）の氏名を記入せず、単に裏書人（譲渡人）が署名するだけを意味する裏書。

信用状→L/C

信用状統一規則

Uniform Customs and Practice for Documentary Credits（UCP）。信用状の発行や信用状に基づく銀行での決済に関する、荷為替信用状の取り扱いについての国際商業会議所制定の国際ルール。

信用調査

経営者の誠実性、企業の財務状況、営業能力、生産能力などについて、取引先企業の信用状態を調べること。

数量過不足認容条件

輸送中に数量・容積が変化する恐れがあり、契約書どおりの数量を受け渡しするのが困難な商品の場合、過不足分の取り扱いを明示して数量の過不足を認容する条件。

ストライキ危険担保約款
→SRCC Clauses

税関

財務省の地方支分部局で、輸入品に対する関税などの賦課徴収、輸出入貨物の通関、密輸出入取り締まりを行う官庁。

製造物賠償責任保険→PL保険

全危険担保→All Risks

船腹予約

輸出貨物の運送を手配する者が、貨物の調達状況、船積期限をにらんで、仕向地向けの貨物船内の積付け場所を予約すること。この予約をSpace Bookingという。

総揚げ

到着した輸入貨物を船会社から引き取る方法の一つ。在来船で到着した貨物を船会社で全部まとめて陸揚げすること。

送金為替

外国へ商品代金などを支払う、または外国から商品代金を受け取る場合、銀行経由の送金によって行う方法。送金為替には、①送金小切手、②郵便送金、③電信送金(→T/T)による方法がある。

総合保税地域

税関長が許可した場所で、保税蔵置場、保税工場、保税展示場の機能を併せ持つ保税地域。

総積み

輸出する貨物を在来船に積む場合、船会社指定の船積代理店が荷主から受け取った小口貨物をまとめて一度に船積みすること。

た行

対顧客公示相場

銀行が、顧客である企業や個人と外国為替取引する場合に適用される相場。

タイプ条項

契約書や買い手の注文書(Purchase Order)、売り手の注文請書(Contract of Sale)などの書類に、タイプ打ちして記載されている個々の取引条件のこと。

タリフ・レート→Tariff Rate

タンクコンテナ

鉄鋼製の枠の中にタンクを取り付けた構造のコンテナ。液体貨物をバラ積みで運送するコンテナ。

単独海損

Particular Average。海上運送中の危険によって貨物に生じる海上損害の一部分損失(分損)を、損害を受けた者が単独で負担する損害。

通関業者

税関長の許可を受けて、依頼人(輸出者・輸入者)のために輸出・輸入貨物の通関手続きを行う業者。一般に海運貨物取扱業、陸上貨物運送業、倉庫業などの業務を兼業している。

通知銀行

Advising BankまたはNotify Bank。信用状発行銀行の依頼を受け、その信用状の真偽を確認し、受益者(輸出者)に通知する銀行。

積替え(Transshipment)

仕出港(船積港)で貨物を積んだ船が、途中の港で仕向港向けの他の船に積み替えて運送すること。

積戻し(Reship)

外国から到着した貨物を保税地域に陸揚げして保管し、輸入通関せず外国貨物のまま、再び外国へ向けて送り出すこと。

定期船(Liner)

船会社が発表する配船スケジュールに基づいて、一定の航路を、それぞれの港に立ち寄りながら運行する船のこと。

ディスクレ

Discrepancy。信用状に基づく輸出の場合、買取りのため受益者(輸出者)が銀行へ呈示する為替手形、船積書類の内容に、信用状記載の条件と不一致があること。

手形支払書類渡し→D/P

手形引受書類渡し→D/A
適商品質条件→GMQ
電信送金→T/T
同盟船
定期船運行会社が結成する海運同盟の加
盟船会社が、所有または運行している船。
特殊関税制度
不公正な貿易取引や輸入の急増などが発
生し、そのため国内産業を保護する必要
がある場合に、政府が、その対抗措置とし
て、通常の関税のほか割増関税を課税す
ることができる関税制度。
特恵関税率
国定税率の一つ。国連貿易開発会議
(UNCTAD)における合意により、開発途上
国の輸出所得の増加と工業化促進のため
に、先進国が何の代償も求めずに、一定要
件を満たした開発途上国産品の輸入に適
用するゼロまたは低率の関税率。
ドライコンテナ
一般貨物の輸送に使用されるコンテナ。
取消不能信用状→Irrevocable L/C

仲値
銀行が公示する外国為替相場である対顧
客公示相場の基準となる相場。
荷為替手形
Documentary Bill of Exchange。為替手形に船
荷証券などの船積書類を添付したものの
こと。荷為替手形は、貨物そのものが添付
された商品代金請求書といえる。
荷印
Shipping Marks。貿易取引の貨物外装に付
ける印で、積込み、荷卸し作業などの際
に、他の貨物との識別を容易にするため
のもの。

発行依頼人→Applicant
発行銀行(信用状発行銀行)
Issuing BankまたはOpening Bank。発行依頼
人(輸入者)の依頼により信用状(L/C)を
発行する銀行。
バラ積み貨物/バルクカーゴ
BulkCargo。包装せずにそのままの状態
で船積みされる穀物、石炭、鉄鉱石等のバ
ラ荷。
バンカー・サーチャージ→BAF
引き合い→Inquiry
ファーム・オファー→Firm Offer
フォワーダー
Forwarder。自らは運送手段を持たず、実運
送人の運送手段を利用して運送を行う貨
物運送事業者、すなわち利用運送事業者、
混載業者のことをいう。
複合一貫輸送
Combined Transport。一つの運送契約の下
で、海上輸送、陸上輸送、航空輸送の輸送
手段のうち2つ以上を組み合わせて、貨物
を目的地まで輸送する輸送形態をいう。
複合運送船荷証券
Combined Transport B/LまたはCombined
Transport Document。複合一貫輸送の貨物に
対して発行されるB/L。海上輸送のB/Lと同
様の機能を持つ。
不知文言（ふ　ち　もんごん）
**(Said to Contain,Shipper's Load
Count)**
貨物の品名、種類、数量、重量その他の明細
とともに、コンテナ貨物の船荷証券に明示
される文言。船荷証券記載の貨物の内容
は、荷主によって提供されたものであり、
運送人はその中身の状態や数量について

別冊

貿易実務用語集

責任を負うものではないことを示す文言。

ブッキング→船腹予約

不定期船

Tramper。荷主の要求に合わせて、貨物を運送してどこへでも行く船舶。用船契約（傭船契約）に基づいて運行する。

船積式B/L→Shipped B/L

船積書類

Shipping Documents。輸出貨物の船積みを完了し契約を履行したことを表す書類、及び関連の輸出書類の総称。輸入者の要求する原産地証明書やPacking Listなど輸入通関に必要な書類を含む。輸出者が代金回収のために振り出す為替手形の担保として添付される書類である。

船積24時間前申告制度

米国向け貨物が外国の港で船積みされる24時間前までに船会社は米国税関に電子的な方法で貨物の内容（船荷目録）を提出しなければならないとする制度。

フランチャイズ方式

貨物の保証に関し、免責歩合を定め、損害がその割合に達した場合は、発生した損害の全額がカバーされる。

フル・ケーブル・アドバイス方式

Full Cable Advice。信用状の発行を通知する方式の一つ。信用状発行銀行に通知銀行に宛てて、信用状の全文を電信で通知し、それが信用状正本として、輸出者に通知される方式。

プレアド方式

Preliminary Cable Adviceの略。信用状発行銀行が通知銀行に対して、信用状の内容の概略を電信で事前通知し、信用状正本は郵送する方式。

分損担保→WA

分損不担保→FPA

平均中等品質条件→FAQ

貿易保険

Trade and Investment Insurance。貿易取引や海外投資において生ずる取引上の危険をカバーする保険。①非常危険、②信用危険の2種類があり、①は取引の当事者の責めに帰し得ない危険で、輸入制限・禁止、戦争、天災地変などによる輸出不能、代金回収不能のリスクを指し、②は取引の相手方の責めに帰し得る危険で、相手方の破産や契約不履行によって、輸出代金や融資金が回収不能になるリスクを指す。

包括予定保険

予定保険を長期間（例えば1年間）、包括して付保すること。保険会社は、たとえ付保もれがあっても、故意過失がなければ、すべての船積みに対する保険を引き受けることを約束する保険。

包括予定保険証券

包括予定保険契約を結んだことにより保険会社が発行する保険証券。

保険承認状

Certificate of Insurance。保険証券の書式を簡略化したもの。保険証券と同じ効力を持つ。

保税上屋

Bonded Shed。外国貨物の一時貯蔵、輸出入貨物の通関手続き、荷さばきなどのための施設・建物の呼称であった。現在、かつての保税上屋と保税倉庫を合わせて保税蔵置場と改称。

保税工場

Bonded Manufacturing Warehouse。外国貨物の関税の納税保留のまま加工し、あるいは原料として製造し（これらを保税作業という）、または蔵置することができる場所として税関長が許可した保税地域。

保税蔵置場

Hozei（またはBonded）Warehouse。外国貨物の積み卸し、運搬、一時蔵置及び長期蔵置のできる場所として税関長が許可した民間の施設・倉庫。

保税地域

Bonded Area。関税の納付を留保したままで、外国貨物を蔵置、加工、製造、展示などすることができる場所として財務大臣が指定または税関長が許可する場所。

保税展示場

Bonded Display Area。国際博覧会や見本市など、関税の納税を留保したまま外国貨物を展示することができる場所として税関長が許可した施設。

本邦ローン（自行ユーザンス）

外国の輸出者が振り出した一覧払為替手形を決済するため、日本の銀行が自己資金で輸入者に供与する外貨建てローンのこと。自行ユーザンスと同じ意味。

ま行

無故障B/L→Clean B/L

盟外船

海運同盟（運賃同盟）に加入していない船会社が所有または運行している船。

メモランダム条項

Memorandum Clause。保険証券本文記載の条項。共同海損、本船の座礁・沈没・大火災によって生じた損害は、損害の大小を問わずてん補し、それ以外の事故による損害（単独海損）は、保険価額の一定割合（3%・5%）に達した場合にのみ、てん補するものとする条項。

や行

ユーザンス

Usance。支払いを一定期間、猶予すること。手形の支払期間について使われることが多い。

輸出FOB保険

FOB条件による取引の場合、輸出者は、貨物を生産工場または製品倉庫から出庫して、船積港で船積みされるまでの、運送、保管の期間中の危険を負担しなければならない。この危険をカバーするために輸出者が付ける保険。

輸出許可

Export Permit（E/P）。貨物の輸出について申告を受けた税関長が、関税法に基づいて、その輸出を許可すること。

輸出してはならない貨物

関税法に規定されている、社会公共の秩序、利益のために輸出してはならない貨物。①麻薬、大麻、アヘン、②特許権、商標権、著作権などを侵害する物品、③児童ポルノなどが含まれている。

輸出手形保険

銀行が、輸出者振出しの荷為替手形を買い取った場合、その手形が決済されないために発生する銀行のリスクをカバーする保険。

輸出貿易管理令

外国為替及び外国貿易法（外為法）の実施に関する政令の一つ。外為法の規定のうち、輸出規制に関する規定を実施するために制定された政令である。

輸入貨物の入港前事前報告制度

テロ対策を含めて、国際的な物流の安全性を強化するため、日本へ輸入される貨物や日本への入国者について、事前の報告を義務付ける制度。

輸入許可

Import Permit（I/P）。貨物の輸入について申

告を受けた税関長が、その輸入を許可すること。

輸入差止め申立

知的財産権を侵害する貨物が輸入されようとしている場合、その権利を持つ者が税関長に対し、権利の内容や侵害の事実を証明する証拠などを提出し、税関が輸入を差し止めるように申し立てる制度。

輸入してはならない貨物

関税法に規定されている、社会公共の秩序、利益のために輸入してはならない貨物。①麻薬、大麻、アヘン、②けん銃等、③爆発物、火薬類、④通貨、有価証券の偽造品、変造品、模造品など、⑤特許権、商標権、著作権などを侵害する物品、⑥公安、風俗を害すべき書籍などの物品、⑦児童ポルノなどが含まれている。

輸入担保荷物保管証→T/R

輸入貿易管理令

外国為替及び外国貿易法（外為法）の実施に関する政令の一つで、経済産業大臣による輸入割当、輸入承認などを受けるべき貨物の明細、その手続きなどを定めている。

用船（傭船）契約

荷主が船の一部、もしくは全部を借り切って貨物を運送する目的で、船会社と取り決める契約。

予定保険

貨物が無担保の状態で運送されることを避けるため、貨物海上保険申込書の記載事項に一部未確定事項があっても、分かっている事項だけ申告して付保する保険。

ら行

ライナー・ターム

定期船における個品運送の船内荷役費用を船会社が負担する条件。定期船を「Liner」と呼ぶことから、ライナー・ターム（Liner Term）という。

リーファーコンテナ

冷凍・冷蔵装置のついたコンテナ。野菜、果物、魚、肉、薬品類などの輸送に利用されている。

リマーク→Remarks

利用運送事業者

貨物利用運送事業法に定める利用運送事業者。一般に混載業者と呼ばれることが多い。→フォワーダー

実務を行ううえで、インコタームズや専門用語の知識は欠かせません。本書の内容をきちんと押さえておきましょう。

矢印の方向に引くと
取り外せます。